A BRIEF HISTORY OF FRANCE

法国简史

[美] 玛丽·普拉特·帕米利◎著

刘守旭◎译

北京理工大学出版社

BEIJING INSTITUTE OF TECHNOLOGY PRESS

图书在版编目（CIP）数据

法国简史 /(美) 玛丽·普拉特·帕米利著；刘守旭译. —北京：北京理工大学出版社, 2020.4（2023.3重印）

ISBN 978-7-5682-8075-4

Ⅰ. ①法… Ⅱ. ①玛… ②刘… Ⅲ. ①法国—历史—通俗读物 Ⅳ. ①K565.09

中国版本图书馆CIP数据核字（2020）第012268号

出版发行 / 北京理工大学出版社有限责任公司

社　　址 / 北京市海淀区中关村南大街 5 号

邮　　编 / 100081

电　　话 / （010）68914775（总编室）

　　　　　　（010）82562903（教材售后服务热线）

　　　　　　（010）68948351（其他图书服务热线）

网　　址 / http://www.bitpress.com.cn

经　　销 / 全国各地新华书店

印　　刷 / 三河市金元印装有限公司

开　　本 / 880 毫米 × 1230 毫米　　1/32

印　　张 / 7.75　　　　　　　　　　　　责任编辑 / 徐艳君

字　　数 / 178千字　　　　　　　　　　　文案编辑 / 徐艳君

版　　次 / 2020 年 4 月第 1 版　2023 年 3 月第 2 次印刷　　责任校对 / 刘亚男

定　　价 / 48.00元　　　　　　　　　　　责任印制 / 施胜娟

路易十六（1754—1793），法兰西和纳瓦拉国王。

1789年7月14日，巴黎人民攻占巴士底狱，法国大革命爆发。

1800年，拿破仑·波拿巴穿越大圣伯纳德山口。

1804年12月2日，约瑟芬在巴黎圣母院被加冕为皇后。

1813年10月30到31日，拿破仑战胜巴伐利亚。

油画《自由引导人民》又名《1830年7月28日》，描写了当时巴黎人民反对波旁王朝而奋起战斗的场面。

目 录 Contents

第九章

第十章

附录　法国历代君主及国家元首

第一章

高卢的早期状况

现代研究活动的一项伟大进步在于，我们掌握了可以判定民族间亲缘关系的钥匙，如今[1]我们可以确信这种关系的性质，而以往通常只能靠推测。在各种迥异的民族特性与文明形态之间，我们科学地勾勒出不同民族在语言结构形式上具有的一致性。最终发现，俄国人、德国人、英国人、法国人乃至西班牙人，都来自共同的祖先——亚洲雅利安人[2]，他们从雅利安人中分化出来，具有内在的相似性。

在探问历史时，虽然现代研究方法非常适用，可以帮助我们探寻隐秘的历史真相，但我们可能还不知道这一神奇的亚洲民族的起源及其演进历程，也不知道他们是在什么时候以及为什么离开了原本栖居的大陆，迁徙到了地中海北岸。但我们可以确定，早在公元前若干世纪，他们就已经移民到了欧洲西部。

---

[1] 本书原著初版于 1894 年，本译本译自斯克里布纳出版社（Charles Scribner's Sons）1907 年版。因此，本译本正文中提到的"如今""现在""今天"等时间概念，尤其是涉及一些历史事件时，均指 1907 年。——译者注

[2] 雅利安人最早生活在今俄罗斯乌拉尔山脉南部草原，是一支古老的游牧民族，后迁至中亚地区。——译者注

雅利安人的这一分支就是凯尔特人①。后来占据欧洲大陆中东部的条顿人②与斯拉夫人③，要在其后很久才从原住地移居欧洲。在血缘上，凯尔特人算是条顿人与斯拉夫人的兄长。

　　高卢④指的是由大西洋与地中海、比利牛斯山与阿尔卑斯山围成的一片区域。晚些时候，高卢北部的部分领土以及北方的一些岛屿，遭受了来自不列颠部落的侵袭。

　　如果思绪可以沿着时光隧道回溯，我们便能够看到，在公元前20世纪时，这块如今被称作法国的土地，究竟呈现出怎样的景象。映入我们眼帘的，是与现在同样的自然景观：山脉高耸入云，河川奔流到海，平原在阳光下伸向远方。不过，我们今天能够看到的葡萄枝蔓、花卉与开垦的良田都消失不见了，取而代之的，是野牛、麋鹿，还有像狼一般凶狠的猪，它们在如挪威一样寒冷的气候里，成群结队地游荡。我们还可以看到，广阔的、一望无际的森林覆盖着大地，而那里，正是那些与人类争夺食物与栖息地的掠食猛兽的家园。

　　基佐描述了公元前5世纪时高卢地区人们的生活状态：

　　"这里居住着六七百万过着野蛮生活的人，他们居住在用木材与黏土垒成的阴暗、低洼的房屋里，屋顶覆盖着树枝或稻

---

① 罗马帝国时期欧洲大陆上著名的蛮族，今天生活在大不列颠岛、爱尔兰岛上的居民多具有凯尔特人血统，法国布列塔尼人也是凯尔特人的后裔。——译者注

② 罗马人起初将分布在易北河下游沿海地带的部族统称为条顿人，后泛指日耳曼人及其后裔，主要是今天的德国人。——译者注

③ 罗马帝国时期，斯拉夫人与凯尔特人、日耳曼人并称为欧洲三大蛮族。斯拉夫人也是现今欧洲重要民族之一，主要分布于东欧和南欧。——译者注

④ 古代欧洲地名，主要指今法国。——译者注

草，只在向阳的方向开一扇门。这些房屋杂乱地挤在由木头、泥土与石块堆砌而成的壁垒后面，这道壁垒发挥着围墙与防御工事的作用，当时的人们乐于将这样的聚落称作'城镇'。"

这就是伯利克里①时代巴黎的景象与法国人的生存状态。同样的潮汐冲刷着高卢南部的海滩，几个小时后潮退了，又涌上希腊海岸。当时的希腊，文化鼎盛，艺术作品优雅、精微，这样的成就在现今这个缺乏聪敏天分的世界里，是无人能及的。

太阳在希腊大地升起，照耀着神庙、宫殿以及人们平静迷人的生活。一个小时后，同样的太阳点燃了高卢森林里的祭坛，这里正上演着恐怖的狂欢。高卢人把被献祭之人的头颅钉在他们的门上，或悬挂在马的缰绳上，他们把俘虏活活烧死或鞭打致死。而这时，有着成熟的文学艺术修养与完善的文明程度的希腊人，正在和他的朋友们谈论着有关人生与命运的深刻话题，这些问题使他们感到困惑，就像它们仍然困扰着今天的人类一样。在社会生活的舞台上，凯尔特人与条顿人确实属于后来者。

古代高卢丝毫没有伟大可言，只有横冲直撞的无节制的暴力。这里的人，爱恨情仇转瞬即逝，对邻居财富的觊觎支配着人们的情感，今天的敌人明天就可能成为盟友。六十个或更多的部落构成了高卢人这一群体，他们不受长远规划的约束，完全听命于多变的欲望与片刻的激情，因此长期处于混乱争斗的状态之中。很显然，他们对能够使行为一致、民众生活稳定的

---

① 公元前 5 世纪时，古希腊雅典城邦的著名政治家。在其统治期间，雅典的奴隶制经济、民主政治、海上霸权与古典文化达到全盛。——译者注

兄弟间的血缘关系也并不挂怀。当席卷某个邻近国家时，他们并不想长久地盘踞在那里，而是在资源耗尽时就迁徙到另一块营地。

我们知道马西利亚①是随着很早以前的一支希腊移民一起出现的，后来他们在那里建立了马赛城，开辟了一道狭长、明亮的边界地带，使希腊文明可以沿着蒙昧大陆的南部边缘渗透进来。那是一段只持续了一个多世纪的短暂开化，而后几乎没有留下任何痕迹。不过，后来游吟诗人②的故乡——普罗旺斯出众的文化水准可能要归功于此。

高卢人需要一块广阔的土地，以保证居住在这里的人们可以通过狩猎、畜养牛羊等方式获得生存的机会。在如今充斥着四千万法国人的这片土地上，当时六七百万的高卢人显得太少了。他们一直为了更多的土地，而与临近的民族进行长期的争夺。

他们对罗马人说："给我们土地！"这一要求遭到了拒绝，他们的信使被粗暴地挡在门外。得不到土地，复仇就接踵而至。成群的野蛮人半裸着上身，嚎叫着冲向罗马，葡萄园被摧毁了，整个罗马遭到了急剧而又持久的冲击。

罗马人无法抵挡这种新的、陌生的战争形式。高卢人踏过罗马军团，涌进了"永恒之城"③。城堡中只有元老院和少数几个人坚持固守，他们被野蛮的高卢人围困了七个月之久。而此时的高卢人，正沉迷在那些不知如何享用的奢侈品之中，流连

---

① 即今天法国马赛。——译者注
② 又译吟游诗人。——译者注
③ 指罗马城。——译者注

忘返，乐在其中。

当然，罗马人凭借自己的能力与勇气最终还是击退了蛮族，并将他们赶了回去。可是，高卢人曾占据罗马中枢的事实却无法磨灭，钢铁般的罗马军团没有抵挡住半裸的高卢人的武力也无可辩驳。一种崭新的体验震颤着整个高卢大地，那是高卢国民生活的第一次悸动。现在，有一个共同的威胁需要面对，一个共同的敌人需要征服，被这种需求所驱动，六十个或更多的部族更紧密地凝聚成了一个类似共同体的高卢人族群。

从此以后，在食物与土地之外，又出现了一种需要安抚的饥渴，那就是征服的渴望，复仇的渴望，以及以高卢之名而彰显的荣耀。民族自豪感由此而生。

在很多年的时间里，高卢人像狼群一样逡巡在罗马周围。但是，只有具有高超技能和超群智慧的人才能书写历史。这个书写过程耗费了大量的时间、鲜血与财富。高卢人入侵罗马之后，又过了两百年，他们才被罗马人赶出意大利，阿尔卑斯山脉成为阻挡他们的天然屏障。

意大利并不是唯一一个遭受西部凯尔特人践踏的国家，在很早以前，就曾有一支高卢北部的部落（Kymrians），向南、向东进行攻击与劫掠。到了亚历山大大帝①时代（公元前340年），他们已经开始敲打马其顿的大门了。

在五十年前对罗马的那场胜利的激励下，高卢人带着刚刚学会的傲慢去索要"土地"。但在接下来的几个世纪里，他们

---

① 马其顿王国国王，古代世界著名的军事家、政治家，建立了一个地跨欧亚非的大帝国。——译者注

并没有从希腊获得新鲜的养料。此时的高卢人半裸着身子，粗野、残忍、愚昧，有时结成同盟，对其他民族来说，一直是个灾祸。最终，高卢人跨越了达达尼尔海峡（公元前278年），把注意力放在了小亚细亚①。我们知道他们最后定居在一个称作加利西亚②的省份，他们没有与当地居民融合。公元400年后，他们住在现在的比利时，说着自己部落的语言，这就是"无知的迦拉太人"中的迦拉太③人，保罗的使徒书就是写给他们的。我们很容易就能够追踪到这股高卢人的威胁，因为他们与我们所熟知的古代史中的一连串事件都存在着密切关系。

"罗马的勇气"成为一句格言一点也不稀奇，在持久冲突的张力下，罗马的骨骼越发强韧，即便是在它与高卢人浴血奋战时，与迦太基④人的战争仍在它的记忆中回响，恍然如昨。此时，哥特人⑤又在它的城门下排兵布阵，他们疾风骤雨般的撞击比先前的野蛮人更为凶悍、顽强，在高卢人曾经冲撞的地方，哥特人再次大施淫威。

罗马城又一次被蛮族的铁蹄践踏，但他们再次运用更胜一筹的训练水准与智慧，击退了入侵的洪流，打败了野性与残暴

---

① 又名安纳托利亚，亚洲西南部的一个半岛。北临黑海，西临爱琴海，南临地中海，东部连接亚美尼亚高原。是东西方文明的交汇地带，大体相当于今天土耳其的亚洲部分。——译者注

② Gallicia.——译者注

③ 亦作加拉太，位于小亚细亚中部，是古代安纳托利亚（今土耳其）中部高地的一块区域。——译者注

④ 最早是腓尼基人建立的殖民城邦，后发展为强大的奴隶制国家。位于非洲北部海岸（今突尼斯），与罗马隔海相望。三次布匿战争之后，被罗马灭亡。——译者注

⑤ 东日耳曼人的分支，410年，西哥特人曾围攻罗马城。——译者注

的武力。

这就是公元前若干世纪里高卢及其附近地区的概况。

现在，我们了解了这几百年中激动人心的历史，接下来我们准备去迎接新的历史。

第二章

尤利乌斯·恺撒征服高卢

建立一个国家不像烤面包或做蛋糕那么容易，要以某个要素为基石，在此基础上，添加其他各种类型的成分，结果就产生了我们称之为英国、德国、法国的这些国家，它们都是按照这样的步骤一点点建构起来的。这些要素的相互掺杂与融合，要耗时若干个世纪，我们将这一过程称为历史。

命运之书提到，高卢理应成为一个伟大的国家。不过这一命运的实现，还要等到它与另外两个民族的相互融合与渗透。它必须首先受到罗马的影响，逐渐地人性化与文明化，再得益于条顿人的激励，从罗马的控制中解脱出来。

关于前者，历史选择了尤利乌斯·恺撒。而后者，则选择了五个世纪后的法兰克国王——克洛维。

我们可以断言，从来没有哪个人能够像尤利乌斯·恺撒那样深刻地改变人类历史的进程。一千八百年后，拿破仑着力模仿他的所作所为，却只是一个招摇撞骗之辈，他不过是在人类历史的宏大舞台上扮演了一个拉大幕的角色而已，他的功业很少能够在今天的人类生活中找到蛛丝马迹。

恺撒开辟了一条让世界古老文明向西欧传播的通道，而蛮族人的生活，也因此被深深地打上了文明的烙印。这一过程并不是通过向文明程度低的民族兜售一种更高端的理想生活，以供其模仿；而是借助于民族间的血缘融合，将更高级的生活方式与思维方式注入高卢人的血脉，使其成为伟大古典文明的继承者。

在人类历史上，没有哪件事，能够与恺撒征服高卢所带来的深远影响相媲美。

高卢战争在几个世纪里榨干了罗马的财富，为它带来了沉重的财税负担。恺撒坚信一个大胆的想法：把蛮族限定在他们起源的地方——事实上，是把高卢变成罗马的一个行省。

这是一次令人印象深刻的展示，不仅是武力，更是运用武力的最高才智与技巧。恺撒在蛮族的部落中生活了很多年，他知道这些部落的弱点就在于他们内部的相互猜忌与竞争，在于他们内部的离心力。当他们向罗马发动猛烈进攻时，就像是掷出了一堆尖锐的碎片。而哥特人则不同，他们像是一个坚硬的铁球，是一块不可分割的整体。恺撒发现，他可以通过施展灵活的管控与操纵，瓦解、征服这些高卢人。

对那些屈服于他的人，恺撒运用强有力的手段维持他的权力，他在温和与严厉间变换着角色，在这里讨好他们，又在那里恐吓他们，由此建立起强大的个人权威。在九年的时间里，他发动了八次战役，手段的高超不仅体现在战争艺术中，也体现在谈判与计谋的运用上。他接连应对所有的凯尔特人部落，甚至包括大不列颠，他在利用各部落间敌对关系的同时，也运用他那不可战胜的武力来征服他们。

他既可以吸引他们，也可以使他们感到恐惧。他手中握有所有的恩赐，以及所有获取胜利、践行君权的手段。他掌控政治，就像指挥作战一样英明；他在会场上调动所有的有利因素，就像在战场上运筹帷幄一样。他天生就是一个统治者。

恺撒能够在高卢忍受九年，不是出于一个爱国者的热忱；驱使他指挥那八次战役的，也不是一个伟大统帅胸中激荡着的军事狂热。他只是单纯地想将罗马从敌人的骚扰中解救出来。他是高卢的征服者，也将成为罗马的征服者。现在，其中一个使命已经完成，他掉过头来，面对这个饱受摧残的国家，准备完成人类权势顶峰的进击。

罗马是世界的霸主，而他，即将成为罗马的统治者。

卢泰西亚

在征服高卢的早期，一个塞纳河上漂浮着的小岛被选作罗马总督的驻地，叫作卢泰西亚。这块驻地很快变成了恺撒大帝的宫殿，紧接着，又建成了很多桥梁，横跨在塞纳河上，道路、水渠与新建的城区也在河两岸纷纷出现，卢泰西亚被囊括进巴黎城区。巴黎得名于一个高卢部落——巴黎西人[1]，他们曾在那里扎营，即今天岛上的立法大楼区域。当罗马是世界霸主时，这里与罗马保持着直接联系。恺撒大帝曾踏上这些石板，那些圆拱形的天花板曾俯视着叛教者尤利安[2]，他在征伐远东地区时，坐在王座上为卢泰西亚而叹息——他心爱的卢泰西亚。

---

[1] the Parisii——译者注
[2] 又译朱利安，罗马帝国皇帝，361—363 年在位，在征伐波斯的战争中阵亡。——译者注

在帕西与蒙马特，伫立着巴黎皇家宫殿[1]，富有的罗马人居住在郊区，今天的卢森堡宫与索邦神学院，曾是罗马军团的驻扎地。随着凯尔特人与拉丁人[2]的混合与交流，一种新的人类语言形式逐渐形成。

不只是巴黎，在接触这一伟大文明时，整个高卢都感受到觉醒的震颤。同时，居住在那里的人们得益于革新的理念，产生了另一种巨大的进步。他们抛弃了人祭与德鲁伊教[3]的可恶行为，朱庇特、密涅瓦与帕纳索斯山诸神取代了那些来自更古老神话的残忍神灵们。不过，罗马既是一个施加着强大影响的教师，也是一个残酷的女主人——镣铐使得那些自由的野蛮人感到痛苦。在普遍的痛苦中，有消息说存在着一种比帕纳索斯山诸神更为仁慈的信仰。公元160年，依勒内[4]来到里昂，那里已经建起了第一处基督教会，马可·奥勒留[5]在这里下令发起了对基督徒的迫害，意图扑灭新出现的狂热的基督教信仰。

---

[1] the Palais Royal，最初为红衣主教黎塞留修建，原名"the Palais-Cardinal"，现为法国文化部所在地。——译者注
[2] 原指意大利中部拉丁姆地区的古代民族，现泛指受拉丁语与罗马文化影响的印欧语系－罗曼语族民族，如意大利人、法兰西人、西班牙人等。——译者注
[3] 古代凯尔特人信奉的一种原始宗教，它最为人诟病的是以人祭为主要内容的献祭活动。——译者注
[4] 圣依勒内，里昂主教，高卢派教会创始人，约202年殉道。——译者注
[5] 罗马帝国皇帝，161—180年在位，著有《沉思录》。——译者注

第三章

基督教的诞生

当帝国①之星就这样向西方移动时，另一颗更明亮的新星已经在东方升起。我们是如此习惯于故事的套路，以至于当它被娓娓道来时，我们已丧失了惊奇的感觉。

尤利乌斯·恺撒的功绩已成过往，马克·安东尼②在其灵柩上镌刻着恺撒大帝的美名，罗马在哭泣。可是紧接着，人们就在他的甥外孙奥古斯都③令人瞩目的煊赫中淡忘了他。在小亚细亚，一个微不足道的国家的某个不起眼的村庄里，一个农民的年轻妻子在马厩里找到一处遮蔽，生下一个男孩，他就在喂养牲畜的食槽里诞生了。

我们还能想象出比这更卑微的人类处境么？这个少年长大成人了，在他33岁的人生里，从来没有走出过他降生的那个昏暗的地方，也从没有站在世俗意义的居高临下的位置发表过讲话。他只是在他生活的区域内，游走于人们中间，向那些手工业者、渔夫和农民，讲述一种关于爱的信仰、关于和平的信

---

① 指罗马帝国。——译者注
② 古罗马政治家、军事家，恺撒遇刺后，安东尼、屋大维与雷必达于公元前43年结成后三头同盟。公元前33年，后三头同盟分裂，安东尼在内战中战败，公元前30年自杀身亡。——译者注
③ 即屋大维，恺撒的甥外孙，公元前44年被恺撒指定为第一继承人并收为养子，罗马帝国的第一位元首。——译者注

条。并且，他情愿为此付出生命的代价。

有谁会想到，世界上已知的最强大、最具生命力的力量，在这里萌芽？王权、帝国、领地以及权力，都将在他的名字面前、在所有神迹面前土崩瓦解。难道，这不是最伟大的事物么？

基督教的传播

在最初的两个世纪里，传播基督教的狂热激情没有其他动机，只是一种强烈的愿望，一种想与其他人分享它的福利、感受由它带来的希望的强烈愿望。为此，他们接受了这一信仰——耶稣基督的到来是为了践行他作为救世主的承诺。他将使这个世界笼罩在神权之下，建立一个精神王国。在这个王国里，他是国王的国王、领主的领主，他是我们与天父之间的冥想者，上帝的独子。

这一宗教信仰在本质上是非常简单的，它的创始人将其概括为两句话：表达人对人、人对上帝的责任。这就是他所阐释的全部教义。

在两个世纪里，基督教是一种基本的精神力量，它只是渴求最崇高的属性以及对人类灵魂的热望。在它持续不断的影响力之下，脆弱的男人、女人甚至孩童，都能够忍受那些即便今天读起来依然会让人感到战栗与惊惧的折磨。

大自然以其无比惊艳的方式对待园艺，它小心地守护着种子直到成熟，然后猛地击碎囚禁种子的监牢，让风将它们吹散，奔向各地。这一方法恰恰用到了传播基督教的教义上，它不仅是为了某个人，而是为了治愈众多的民族与国家，在它的家园，无论哪里，人们都可以居留。

耶稣被钉死在十字架上之后，又过了将近五十年，提图斯①摧毁了耶路撒冷，基督教的故乡被抹去了。这也正是囚禁的监牢被打破的时刻，基督教的萌芽带着它所有最初的纯净，自由地散布到世界的各个角落。

皇帝的喜好没能使它黯淡，人类的野心没能收买与瓦解它，它的教义也没有被那些精巧的诡辩家纳入复杂的思想体系。纯粹的精神实质，依然如它从创立者手中诞生时那样纯洁，经由散布各地、遍及整个罗马帝国的基督徒团体，它散播到了各个地方，到处都很自然地形成了信仰的团体，成为基督教传教系统的一个个中心。高卢地区的里昂就是这样的一个中心。

在整个帝国，迫害的烈火到处点燃。据说，使徒彼得与保罗就是在罗马帝国皇帝尼禄的统治下殉道的，这位皇帝愉悦地享受着在帝国境内烧死那些基督徒。不过，到公元177年时，高卢就免除了这种悲惨的遭遇。

马可·奥勒留——一个出类拔萃的异教徒，才智绝伦，品格高尚，遵从良知与公正，这使他的名字在罗马历史发出的耀眼而又可怕的光芒下，有如星辰般闪亮。可他还是在理解基督

---

① 罗马帝国皇帝，公元79—81年在位。公元70年，他率领军队攻陷耶路撒冷。——译者注

在世间建立精神王国的意义时，陷入了彻底的失败。他就是那个下令在高卢展开第一场迫害的人，遵照他的命令，可怕的折磨被强加在里昂那些不肯发誓放弃这一新信仰的人身上。

一封由目击者书写的信件，生动地描绘了当时的可怕场景，很多案例都记录了令人痛心的细节，其中有一段记述是关于一个叫作布兰迪娜的："从拂晓到傍晚，他们用各种方式折磨她。令人感到不可思议的是，在无休止的折磨下，她的身体被捅成一个个窟窿，一块块地被撕裂，其中任何一处创伤都足以致命，可她居然没有死。而她只回应一句话，'我是一个基督徒'。"

接下来，她被丢进地牢。她的双脚是扁平的，拖着极度紧张的肌肉，她被单独扔在黑暗之中，直到他们想出折磨她的新花样。

后来，她与其他基督徒一起，被带到了圆形剧场，他们把她吊在十字架上，然后留给野兽，野兽没有碰她，她就又被带回了地牢，等待另一个处置她的场所。她的朋友们与接下来的殉道者，每天被带出来，在那些注定的目击证人面前遭受各种痛苦，却仍然只是这样回答那个不断重复着的问题："我是一个基督徒。"

记述者继续写道，"在经历了火烧、野兽的利爪，以及所有能够想象出来的痛苦之后，她被裹在一张网里，扔给一头公牛，公牛将她甩向了空中。"她的痛苦结束了。

这就是在那些日子里，说一句"我是一个基督徒"的真实代价。

马可·奥勒留很可能就是对发生在里昂的迫害下达命令的

人，但他几乎不了解那些迫害的性质是什么，也不清楚他想彻底根除的这个信仰到底说了些什么。在当时，他每天只是花上几个小时，写点反省式随笔，看起来就可以很好地熟悉他所生活的那个时代，以及他所统治的这个帝国。

异教信仰与德鲁伊教，这对孪生怪物，在基督教教义不断推进的光芒中逐渐败退了。它们既不能为人类灵魂提供任何滋养，也不能成为一个民族简明的标志。

德鲁伊教是高卢独特生活方式的最后一块领地，它是北方神话与东方轮回转世幻想的混合体，粗糙、神秘、残忍。罗马异教信仰只不过是由异族征服者叠加上去的一种曾经具有活力的宗教信仰形式。在很长一段时间里，受过教育的人不再信仰希腊诸神及其神学。据说，当罗马的预言家们郑重地说出他们的预言时，四目相对，总是忍不住要笑出声来。

罗马帝国信奉基督教

公元312年——基督教之殇！皇权皈依了基督教。当君士坦丁大帝①宣布自己受洗为基督徒时，毫无疑问，圣徒们是欣喜若狂的。不过，这也是基督教信仰堕落的开始，谦逊的信念被扶上了王位，卑贱的装束被替换为红衣紫袍，在利剑冰冷的护送

---

① 罗马帝国皇帝，306—337年在位。在位期间颁布米兰敕令，承认基督教的合法、自由地位，在临终前受洗为基督徒。——译者注

下，和平的福音得到了传扬。

帝国正在崩溃，在它的废墟之上，对未来的竞争已经开始，现代社会的条件正在形成。异教信仰与德鲁伊教已经不可能再有了，它们的光泽黯淡了，纯粹遭到了玷污，它们的简单与朴素也被经院哲学所遮蔽。即便不是这样，基督教还是要远胜于它们。神迹已经完成，伟大的罗马帝国现在宣称："我是基督徒。"

关于帕纳索斯山诸神的信仰，是罗马曾经强加给高卢人的，如今却也成了需要根除的异端邪说。如果烈火在里昂或其他地方点燃，那它不是为了清除基督徒，而是指向了异教徒，以及所有那些试图远离基督教信仰的人，就像当年罗马那样。这个残忍的陈旧帝国表现出它的临终忏悔，一个可能有些晚了的忏悔。可是，这终究不能避免悲惨的结局，以及一个即将发生的意外事件，这一事件加快了结局的到来。

匈奴人入侵

公元375年，匈奴人，这个人类历史上可怕的民族，他们来自当时看起来神秘莫测、今天被视为有着重要历史意义的地区——横亘在中国与俄国之间的广阔地带。在阿提拉①的率领

---

① 公元5世纪前半期的匈奴人首领，曾率领军队入侵欧洲。452年攻陷西罗马帝国首都拉韦纳，使西罗马帝国名存实亡。——译者注

下，他们涌进欧洲，横冲直撞，犹如狂风在罗马面前扫过，就像他们扫荡哥特人、汪达尔人①以及其他条顿部族一样。他们好像带着一个早已认定的目标，将那些未开化的条顿人驱赶到南方这个落魄文明的前沿地带。正当他们即将完成这一目标时，453年，阿提拉在沙隆被击败。此后，作为一个民族，他们就这样在人类历史的舞台上永远地消失了。

那是巴黎被一个贫穷的牧羊女吉纳维芙②所拯救的时代，她就像圣女贞德的早期版，把民众从绝望的冷漠中唤醒，并引领他们走向胜利。她获得的奖赏是赢得了"圣吉纳维芙"的不朽美名，她被誉为巴黎的守护神。这看起来似乎揭示了优雅圣徒的警觉性，要么就沉睡不醒，要么就是很不公平地需要偶尔承担起保护所在城市的重任。

哥特人与法兰克人组成的联军，将这一灾祸赶出了欧洲，带领法兰克人取得这一伟大成就的领导者就是墨洛维③。他曾是令高卢人感到畏惧的人物，如今却成了他们的救星，他赢得了所有阶层的好感，从主教到奴隶，遍布整个高卢地区。于是，就这样，命运为这片土地走向未来打开了一扇宽阔的门。

---

① 古代日耳曼人部落的一支，后定居北非。455年，曾洗劫罗马。——译者注
② 据称，公元451年，当匈奴王阿提拉进攻高卢时，吉纳维芙向逃亡的民众供给食物，与入侵者进行谈判，最终拯救了巴黎。——译者注
③ 公元5世纪前半期，法兰克萨利安部落首领，墨洛温王朝建立者克洛维的祖父。——译者注

第四章

高卢的法兰克人

　　高卢被拉丁化与基督教化了，现在，她需要做另外一件事，为她的光明未来做铺垫，注入一个更强壮的民族，使她的质地变得更加坚韧。尤利乌斯·恺撒推搡她，让她变得谦逊；罗马鞭打她，使她的行为与言谈趋于礼仪化。不过，随着她的言行举止越发礼貌，她天生质朴的活力也减弱了，如今她温顺地沉溺于罗马的奢靡生活与柔弱风气之中，已经无法再跑到邻国的门前，雷鸣般地咆哮着索要"土地"。

　　罗马皇帝严苛、专制的独裁统治变得令人无法忍受，这些承担着重负与奴役的民众，很自然地逐渐倾心于法兰克人。法兰克人将他们从一种可悲的命运中解救出来，可是，他们仍旧深陷于另一种悲哀。于是，年轻的野蛮人、墨洛维的孙子克洛维出现了。他发现自己成了垂涎已久的莱茵河岸边广大土地的主人，而高卢也与罗马一样，都处在条顿的洪流之下。此时的克洛维，正戴着王冠，端坐在塞纳河的小岛上那座恺撒的宫殿里，一个独立的王朝开启了她的篇章。从此以后，这里不再是高卢，而是法兰西。

　　不过，她梦寐以求的国王应该来自本族，而不应该是这个糟糕的法兰克人。她是否从一种奴役状态变成了另一种？她是否从未获得过自由，而只是被那些跨过莱茵河的野蛮人吞进了自己的领地？我们不如把这称作是一种效忠吧，她将美人与"土地"作为礼物献上来，而这正是他们所觊觎的财富。然后，她向他们宣誓臣服。由此换来的，是被珍视与保护，被赋予荣耀，以及背负领主之名。

克洛维

如果想要认真审视克洛维转变为基督徒的动机，那么，我们观察君士坦丁接受基督教信仰，或者亨利八世成为新教徒的原因，就再合适不过了。克洛维唯一想要从神灵那里得到的东西，就是摧毁他的敌人。在某个黑暗、低落的时刻，当异教的神灵击败了他，战争的局势开始向不利于他的方向转变时，他就在绝境中寻求成为一名基督徒。受洗之后，胜利随之而来，与此同时，教会也把一个伟大的捍卫者收入门下。从此以后，这个天性残忍的捍卫者将矛头直指那些异教徒，直到将他们赶尽杀绝为止。他不断地征伐、巩固，逐渐将他的王国带入正轨，不管这里面包含了多少背叛、阴谋与刺杀。在这一转变过程中，克洛维并不只是基督教信仰的守护者，还包括东正教信仰在内。当时西班牙的西哥特王国正沉溺于阿里乌斯派①异端之中，就像后来的十字军东征一样，他将这些信仰异端的人驱赶

---

① 又译阿里乌斯教派、阿里乌派，曾任亚历山大城主教的阿里乌创立的基督教派，主张耶稣基督不是上帝也不是人，他次于天父，是上帝与人的媒介，同时反对教会占有大量财富。——译者注

到比利牛斯山的另一边，这样，他划出了一道至今依然存在着的鲜明界限。

这就是从地理角度与历史角度出发，梳理出的法兰西民族历史的大致开端。

古代英雄们的形象都是通过一块模糊的透镜呈现出来的，由此，他们的品格与高度就被夸大了。如果我们带着美好的愿望，将三四代人的罪恶积攒到一起，那么到了克洛维这里也同样被夸大了。他们那些邪恶的行为、无尽的放纵，简直令人作呕。整个家族的人，都是屠夫——丈夫们、妻子们、孩子们，只要妨碍了登顶之路，不管是谁都要被铲除。这样的暴行，使得理查三世[1]在阴谋诡计与杀人艺术中，就像个微不足道的侏儒。随着国王的女儿和母亲（布伦希尔德），浑身赤裸地，一只胳膊与一条腿被捆绑着，头发拴在一匹健壮烈马的尾巴上，在一片嘲弄与喊叫声中，从巴黎的乱石丛中奔驰而过（公元600年），这段历史就结束了。

克洛维死后，他的王国作为遗产被四个儿子分割，他的这几个儿子，同自己的家庭、妻子一样，也有着狂暴的激情，这为伟大的叙事史诗提供了丰富的素材。我们说不清弗雷德冈德[2]与布伦希尔德谁更可怕一些，不过这些互为对手的王后们之间带着爱恨、野心与复仇的狂怒故事，更像野兽的故事，而不是女人的故事。不过，这些情况的出现导致了两个结果，这些结果将在后来的重大事件中发挥关键作用。一是颁布了《萨利克

---

① 英格兰金雀花王朝旁支约克王朝的最后一位国王，1483—1485 年在位。据说，他谋杀了自己的侄子爱德华五世。——译者注
② Fredegunde.——译者注

法典》①，将女人从继承权问题中排除出去；二是为了控制住复仇之风，或是为了提振世袭君主的办事效率，创设了宫相这一办事机构，这个谦逊的名称蕴含着未来景象的萌芽，不仅是对法国，对整个世界都是这样。

从未必准确的人类视角出发，我们可以看到在近五个世纪的时间里，拉丁文明一直在高卢地区培植它的优雅作风，但在其视野之外，却埋藏着一个致命的错误。不过，作为历史演进的一部分，这一事实已在世界史中被反复提及，让人不得不了解它。我们目睹了古老文明一次又一次地被野蛮人抹去，可这些粗劣、残暴的野蛮人也经常会带来一些比优雅更好的东西。我们不得不相信，这种改造与其所激发出来的精神，就是我们在那场让人悲叹的大灾祸中寻求的终点，即自由的精神，个体独立的意识。但如果没有艺术的精妙改良乃至天赋的加持，也是不可以的。尽管在一段时期内，法兰克人曾屈服于高卢的影响，变得萎靡不振，因为战胜与征服的同时，也意味着其自身将会被战胜、被征服。不过，由法兰克人带到高卢的昂扬、充沛的意志，所产生的影响是毋庸置疑的。

"懒王"

罗马人穿着宽松的外袍、彬彬有礼，这种文明吸引着野蛮

---

① 6世纪，于克洛维统治后期颁布，发源于法兰克人萨利克部族中通行的各种习惯法，经加洛林王朝不断修订，成为查理曼帝国法律的基础。——译者注

人；罗马化的城市风格也成了让人着迷的模板，供人效仿。桥梁、水渠、宫殿，都显露出力量与美的结合，精美绝伦。这些事物在慢慢说服人们承认自己的卑微。对法兰克人来说，这些都是令人惊叹的成就，他们渴望深深沉醉在这文明的源泉里。克洛维带来的巨大张力很快就衰退了，他们在奢侈品堆里放荡堕落，墨洛温国王的宫廷成了一个披盖着穿旧磨破了的帝国主义外衣的痛苦朝会。我们在克洛维的子孙身上看到一副陌生的画面。"懒王"[①]出现在国家庆典的皇家游行队伍里，他戴着卷发从温泉宫[②]出发，周围弥漫着香气。在罗马人与罗马化的法兰克战士的簇拥下，他独自坐在小公牛拉着的四轮车辇上，回想着祖先们原始质朴的精神，引领整个盛会在古巴黎狭长的街道上穿行。

不过，他只不过是一个伪装了的野蛮人，拙劣地模仿着一个糟糕文明的恶习与糟粕。这时的教会与国家机构中充斥了罗马人与高卢—罗马人，但军队则全部由法兰克人组成，这也可以证明高卢地区的法兰克人依然具有男子气概。

随着这些"懒王"的堕落，克洛维的王国日渐萎缩，有人已经准备好窃取它的权力了，就像从软弱无力的手中抢夺什么东西一样。当克洛维用大片地产作为代价，犒赏或收买那些罗马或高卢的追随者时，他就已经为这种即将对他的继任者们造成致命影响的制度体系夯实了基础。伴随着这些大地产者一同到来的，还有头衔与支配的权威，并且在后来的每一个统治阶

---

① 639 年，墨洛温王朝国王达戈尔贝特去世后，实权落入宫相之手，之后十几位国王整日声色犬马、无所事事，故称"懒王"。——译者注

② Palais des Thermes.——译者注

段不断增强。一个封地的最高长官实际上就成了一个小国的君主。于是，权力自然而然地被这些小的行政单位吸收，逐渐从王座上销声匿迹。

这意味着王国被分解为许多弱小的碎片，也意味着法兰克王国的终结，除非某个强权崛起，拥有足够强大的实力，迫使这个破碎的国家变得整齐划一。

一个居住在莱茵河谷的罗马化法兰克家族，把克洛维的王国从这一命运中解救出来。当时法国已经分裂为东西两部分，它们分别称作奥斯特拉西亚[①]与纽斯特里亚[②]。奥斯特拉西亚的一位公爵，即我们熟知的老丕平，正是加洛林王朝世系的开创者。在他的运作下，集中起来的权力开始与国王保留的权力共同合作，在视野之内，我们看到了王国权力的复辟——中央权力的加强。为了达到这个目的，这些早期的"丕平们"一代又一代地稳步向前推进着。公元687年，老丕平的孙子小丕平击败纽斯特里亚，将东西两部分合二为一，他也由此获得了新头衔——法兰克公爵。"丕平们"已经成功地确保宫相这一职位能够在其家族内部传承。公元732年，小丕平的儿子与继承者查理，将萨拉森人[③]赶回到比利牛斯山的另一侧，由此使自己成为法国乃至整个基督教世界的英雄。他把王位顺次传给儿子——矮子丕平，矮子丕平夺取了墨洛温王朝的王冠。这一杰出的家

---

① 中世纪地名，法兰克王国墨洛温王朝东北部分，大体相当于今法国东部、比利时、卢森堡与荷兰。——译者注

② 法兰克王国西部地区，指法兰克人定居高卢北部之后新征服的地区，首府为苏瓦松。——译者注

③ 原指今叙利亚与沙特阿拉伯之间的沙漠阿拉伯游牧民，广义上指中古时期所有阿拉伯人，狭义指中世纪时地中海的阿拉伯海盗。——译者注

族，开辟了加强中央权力的特定渠道，在矮子丕平的儿子——查理统治期间，这个家族的荣耀达到了顶点。查理创立了神圣罗马帝国。

伊斯兰教

这时，对真正的信仰而言，一个比异教徒更令人畏惧的敌人出现了。

在克洛维死后不到100年，这个敌人从亚洲——基督教的诞生地产生了。它是一种注定会成为基督徒若干个世纪苦难根源的新信仰，直到今天人类大家庭的三分之一仍然处在其统治之下。琐罗亚斯德[1]、佛陀与基督，相继为人类提供了信息，如今（公元600年）穆罕默德确信他自己奉着神谕，要把古袄教（琐罗亚斯德教）的偶像崇拜从阿拉伯地区驱逐出去。

基督教经历了各种兴衰变迁，它的真理由国王、皇帝、教皇、主教等很多糟糕的守护者把持着。同时，也有很多人仍然坚守它最初的纯洁教义，神职人员正在强烈地修正着三位一体的本质、圣母玛利亚的神性，在激烈的教派纷争中，教会的基础也动摇了。

在这虚弱的时刻，公元590年，波斯征服了小亚细亚。伯利

---

① 波斯—雅利安人，公元前6世纪创立琐罗亚斯德教（中国称拜火教、袄教）。——译者注

恒、客西马尼（耶稣蒙难地）与髑髅地①都被亵渎了，圣墓被焚毁了，十字架也在哄笑者的喊叫声中被挪走了。袄教凌辱了基督教，可是，在这期间却没有奇迹出现，天空没有被碾成碎片，大地也没有裂开深渊吞噬那些人。在基督徒的心里，弥漫着恐慌与怀疑。

这就是伊斯兰教产生时基督教会的状态。伊斯兰教的战斗口号与信条是"只有一个真神，穆罕默德是神的先知"。它的教义就是古兰经的道德戒律。看起来似乎没有理由能够解释这些追随者们疯狂的热情与崇拜的激情。不过，在不到100年的时间里，这只雄狮冲出了阿拉伯地区，征服了叙利亚、美索不达米亚平原、埃及、北非以及西班牙半岛。现在，穆罕默德一手持剑，另一只手拿着古兰经，已经越过比利牛斯山，站在了高卢的南部。

就这样，在这一信念之下，有史以来最大的宗教帝国跃上了历史舞台，它的疆域从中国长城延展到大西洋，从里海到印度洋，而基督教的重要中心耶路撒冷——基督教的麦加——陷落了。在耶稣基督的诞生地，新月旗飘扬在它的上空，虽然后来基督教取得过暂时的胜利，但并没有改变什么。

---

① Calvary，又译各各他山、加略山，位于耶路撒冷西北郊的一座山，远看像一个骷髅头，是罗马统治者处死犹太人的刑场，故名髑髅地。耶稣在这里被钉十字架，髑髅地与十字架成为耶稣基督遇害的标志。——译者注

丕平篡权

如果说伊斯兰教势力越过比利牛斯山，基督教世界将面临极大的威胁，那么将这一危险拒之门外的是查理·马特——查理大帝的祖父，他在732年的图尔之战中阻挡了异教徒的进攻。

墨洛温王朝的国王们，即便不是虔诚的，也是教会可靠的儿子。当8世纪末叶，教皇向末代墨洛温国王求救，以保护他免受伦巴第人①的侵害时，实际掌握至高权力、后来担任宫相的丕平，曾两次带兵跨越阿尔卑斯山，从教皇的敌人手里夺回了五座城市与大片土地。他按照领土界限，把这些教会周边的土地作为馈赠献给教皇，这就是著名的"丕平献土"。这件事也成为身居意大利的教皇掌握世俗权力的开端。所以，当丕平下定决心夺取王冠时，投桃报李，教皇撒迦利亚没有制止这种大胆的行径，而是将他上帝的代表权用在了丕平身上，把王权的象征戴在丕平这个可靠的儿子与篡位者的头上（751年）。

但这只是更高目标的垫脚石，当教皇阿德里安一世再次需要有人保护他免受伦巴第人侵略时，一个比丕平更伟大的人戴上了他父亲曾经抢夺过的王冠。

---

① 日耳曼人的一支，起源于斯堪的纳维亚。公元1世纪时，迁居德国西北部，4世纪时开始大规模南迁。568年，伦巴第人越过阿尔卑斯山，侵入意大利北部，并在当地建立了伦巴德王国（568—774）。——译者注

第五章

查理大帝

当历史按照自己的节奏在宽广、昏暗的岁月里伸展时，在欧洲历史的黑暗低谷崛起一座耀眼的高峰。从个人与王权的角度看，查理大帝是人类历史上最令人印象深刻的人物之一。他独揽军事大权，七英尺^①高的身材穿着闪闪发光的钢铁盔甲；出众的才智，即便在当时，也充满了现代精神。所有这些因素合在一起，共同促使他成为一个孤独的伟人。

查理大帝发现法国处在极度的混乱之中，而且显而易见，这种局面很难应对。野蛮人从外部入侵，混乱在内部蔓延；野蛮的撒克逊人^②从北方施加压力，伊斯兰教势力在南方与西方虎视眈眈；一大群武装力量在国境之内残忍、愚昧地争夺统治权，整个国家一盘散沙，没有内聚力。

能够发现其他人看不到的机会，可谓天赋使然。查理大帝在一片混乱中看到了一个能让罗马帝国重整旗鼓的机会，这将是一个同时具备精神性与基督教色彩的帝国。撒克逊人、斯拉夫人、匈奴人、伦巴第人、阿拉伯人来到这里，受到查理大帝的强力控制，这些敌对的民族在一种可怕意志的强制驱使下，

---

① 1 英尺 = 0.304 米。——译者注

② 盎格鲁—撒克逊人，指公元 5 世纪初至 1066 年诺曼征服之间，生活在大不列颠岛东部、南部的若干民族，他们在文化、习俗上比较接近。——译者注

被捏合起来，与法国反常地结合在一起。没有政治自由，没有讨论公共事务的大众集会，只有查理大帝一个人。这是专制主义，虽然这种制度有着审慎、高效的能力与宏伟壮阔的图景，但它仍然是专制主义。

教皇赞许地看着这个教会的儿子，这个人曾下令在一天之内砍掉四千五百个异教徒的脑袋，一个下午就能召集整支部队接受洗礼，这是一个需要安抚的王者。在查理大帝看来，教会对帝国而言，是最顺从的且最具有实际意义的事物。

围绕着这个可能再度觉醒的罗马帝国，他多思的头脑正在构建一个伟大图景。在他设想的双王结构里，教皇是精神之王，而他是世俗之王。二者相辅相成，相互支持，如果没有他的许可，教皇的选举就是无效的；如果没有教皇予以加冕，皇帝也不能成为皇帝。教会可能会把他当作一把剑，不过，他也准备把教会当作其冠冕上的珍宝。

这是一个天才的设想，而且华丽地实现了。它是人类伟业中最耀眼的一个，也是人类挫败中最令人无法忘怀的一个。这一设计看起来就像一个教训，提醒人类认识一个本质，即从外部赋予的权力只是暂时的。

这样一个比例巨大的金字塔，只能依靠像他一样的伟人来维持，从而免于崩塌成碎片。将巨大的结构安放在某种人类意志上，与它的创造者相伴相生，当他死去时，这项伟业也就烟消云散了。

神圣罗马帝国

人们都还记得，罗马帝国在其衰落时分裂成西罗马帝国与东罗马帝国两部分。西罗马帝国苟延残喘的火苗，在6世纪被东罗马帝国皇帝查士丁尼移入另一个微弱的火焰当中。到了8世纪，这里又面临着被伦巴第人彻底消灭的危险，是不平将其从这场灾难中拯救出来。所以，当法兰克人再度收到这一请求时，查理看到了他的机会。他怀揣着能够满足自己要求的成熟计划，在教皇的同意与默许之下，正式占领了整个意大利。在一片有着辉煌过去但又土崩瓦解的土地上，他追求着属于自己的王权。当利奥三世将王冠戴在他的头上宣布"查理大帝，蒙上帝恩宠的神圣罗马帝国皇帝"时（公元800年），教皇的权威便被置于不容怀疑的高度，而法国，也成了世界强权的中心。

对于即将发生的事情，教皇与皇帝没有做出什么应对的举动，在一段简短、夺目的插曲过后，皇冠就再也没有戴在法国头上。以后几个世纪的教皇们被德意志皇帝所羞辱，德意志皇帝像对待不听话的封臣那样对待他们。而法国，这一伟大联合体梦想的中心，只持续了不到五十年，在命运的讽刺下，它分裂成五十九个碎片，被一个微弱的加洛林国王松散地聚拢在一起。

将教皇与皇帝神化，这种双重主权的设计可能是明智的。但是，查理大帝的三个孙子将帝国分成了三部分，推翻了帝国创立者的全部计划。

凡尔登条约

在查理大帝于公元814年去世之后，帝国的皇冠与权杖传给了他的儿子路易。查理大帝这个虚弱的儿子以"儒雅者路易"的名号著称，直到840年去世，他都一直挣扎于分裂的民众的重压之下。随后，查理大帝三个野心勃勃的孙子为了争夺这份伟大的遗产爆发了战争，洛泰尔凭借长子继承权声称对整个帝国拥有主权，他在勃艮第的丰特奈战役中被打败，并于843年签订了《凡尔登条约》，完成了对帝国的分割。皇帝的头衔以及意大利和一直延伸至北海的一条狭长领土归长子洛泰尔所有，全部的西部领土被武断地称为法兰西，所有的东部领土被称作德意志。

于是，欧洲的戏剧按照完全无法预料的台词本展开了。不仅帝国被分成了三大块，法兰西自身也陷入瓦解之中。这时的法兰西由一大群相互竞争的国家构成，这些国家的君主带着伯爵、王子、侯爵等头衔，此外还有很多名气较小的诸侯国君，也参与到争夺最高权力的争斗中。

一个比法国更宏大的粗线条——未来欧洲的脉络——被描绘出来。现在很容易看出来，可在当时却如此难以理解：条顿的洪流留下了野蛮的混乱状态。9世纪时，带着明确轮廓的一群国家开始浮现，欧洲大规模的政治实体开始走向较为完备的组织形式。在《凡尔登条约》（843年）之下，欧洲被粗略地分裂为意大利、法兰西与德意志。与此同时，在阿尔弗雷德国王的带领下，英格兰结束了不列颠的七国时代，实现了统一。

当时，一个籍籍无名、非常不引人注目的斯堪的纳维亚探险者留里克，给东欧平原的斯拉夫人带来了政治上的联合，并作为大公在基辅建立起统治，这一政权后来演变为俄罗斯。西班牙基本游离于这一运动之外，在七个世纪里，它深陷于同萨拉森人、摩尔人①的战争之中。西班牙人在那场争斗中所展现出来的无与伦比的献身精神与坚韧不拔的毅力，确实构成了一部伟大的史诗。

那些野心勃勃、权力膨胀的封臣们，尚不是加洛林王朝的国王们最邪恶的威胁，真正的威胁是来自北方的蛮族，他们持续不断地向南侵袭。北欧人的入侵有一种与众不同的特质，他们会埋葬过往的历史。这些北欧人看起来势不可挡，正如他们声称的那样，像蝗虫一样挤满了海滩、河流，遍布整片土地。他们三次洗劫巴黎；在那次令人难忘的毁灭罗马的行动中留下的疤痕，直到今天依然清晰可见；恺撒与墨洛温王朝国王们的行宫——温泉宫，也被他们部分烧毁了。

为保护富人，由塔楼、护城河、吊桥加固的城堡，在整个王国矗立起来，遍布各地。在七次入侵之后，所有的古老城市，鲁昂、南斯、波尔多、图卢兹、奥尔良、博韦，都遭到了摧毁，整个法国都穿上了锁子甲，躲在石墙后面。

穿过几个世纪的远景回望过去，很容易看出因果关系链条上的永恒目标，也可以看到很多事件有着其自身的内在谱系，并不比国王的家谱少。北欧人糟糕的产物是封建制度，同时封

---

① 中世纪时，定居在伊比利亚半岛、西西里岛、马耳他、马格里布和西非等地的穆斯林。——译者注

建制度又衍生出那些浪漫、别致的新产物，如十字军，以及这些孩子——欧洲文明的创造者，也就是我们。

　　谁能想象将这些因素中的任何一个抛除在外，历史的进程将会怎样？在推动社会发展的过程中，很显然，任何一个因素都是不可或缺的。不过，这在当时是完全无法理解的。

第六章

北欧人入侵

有人说："领主必须像普通人一样,因为他创造了很多普通人。"在当时,法国普通人的生活正处于黑暗中。不过,一个更黑暗的时刻即将到来。一种压迫的制度正在形成,很快就会把他们包裹其中。

那些斯堪的纳维亚海盗被称作北欧人,接下来是诺曼人①,他们是王国苦难的根源。在他们粗野的勇气与贪婪的掠夺面前,没有什么人、什么事物是安全的。

富人可以躲在修建了护城河与吊桥的石头城堡后面坚守,保全自己,相对而言比较安全,可穷人在这些四季侵袭不断的毁灭者面前却没有任何防御能力。结果就是在有权势的人与能力弱小的人之间达成了契约,这就是封建制度的开端,实际上是用服侍与忠诚来换取安全。

---

① 又称维京人,指定居在北欧日德兰半岛、斯堪的纳维亚半岛的海盗。7—11世纪时,诺曼人南下劫掠欧洲大陆各国。911年,建立诺曼底公国。1066年,征服英格兰。——译者注

封建主义

你们将对你们这些人的绝对控制权交给我们，当有需要时你们要服兵役；交出你们的财产以及艰辛劳动成果的一部分，作为交换，我们将把我们坚固的城堡提供给你们作为防御北欧人的庇护所。这就是条件，这是民众在封臣、农奴身份与彻底毁灭之间做出的选择。

最初非常简单，这形成了一个网状的压迫体系，一种奇特的权力网络，巧妙地控制了所有民众。他们向民众灌输，该契约下的这种状况是一项重要的历史传统，它是由跨越莱茵河的德意志征服者带来的。不过，使法国封建制度迅速发展起来的则是北欧人。

查理大帝对这些强盗的入侵怀着深沉的忧惧，可是却没能预见到这种结果。像这样压迫至深的制度从未如此牢固地施加在一个国家身上，同时，它也会侵蚀到王权本身的基础。

这一理论宣扬国王是所有土地的绝对拥有者，大的领主依据其服兵役的情况掌控他们的头衔，他们的封臣承诺服兵役，并且还以类似的形式遵从他们的调遣，而下一级的封臣再次对他们重复宣誓。在下降的链条中，依次如此，直到最低一级的农奴。可怜的农奴得不到尊敬也没有人害怕他们，就像匍匐在地面的无数微尘，不能向当权者申诉，不能从乖戾、残忍的封建主手里逃脱。他们必须忍受的这些苦难，有哪架天平足以称量？有哪些语言足以形容？所有的抱负被挫败，所有的希望被毁灭，欧洲，就这样陷入了中世纪的漫长停滞之中，这不是一件很让人困惑的事吗？

入侵者占据诺曼底

可以很容易地设想出，在这样一种制度下，王国内部的所有事务，都由很多拥有无限权力的相互独立的统治者来裁决。在这里，那些伟大的男爵们可以在没有得到国王许可的情况下，就彼此发动战争。此时，在这里所施行的整个制度之下，名义上的首脑已经没什么事可做了。事实上，王权的痕迹丝毫也没有留下，加洛林王朝的统治者们几乎和墨洛温王朝的那些前任们一样无关紧要。法国不再由一个强大的君主统治，而是由一百五十个小封建主来管理。

公元911年，北欧人得到了我们今天熟知的诺曼底地区。鉴于他们接受了宗教信仰，服从了王国的法律，声名狼藉的强盗头子罗洛，在宣誓效忠法国国王之后，他的领主与基督教洗礼仪式，将他变成了可敬的、守法的诺曼底公爵罗伯特。

王权衰落

于是，敌人成了封臣，北海海盗在欧洲基督教世界的骑士制度下找到了自己的位置，成为法国十二个封建主之一。这距离查理大帝去世还不到一个世纪的时间，国王所辖政府机构的发展几乎像"懒王"执政期间一样无助。在不断遭受入侵的压力下，顺理成章的自然过程是：中央权力转移到封建领主手中，很多封建领地实际上组织成独立的统治实体。与北欧人的战争结束了，法国被肢解、拖垮，沮丧地瘫倒在地上。在社会制度的某种极端情况下，国王被剥夺了几乎所有的王权属性。在另一个极端，所有民众被封建压迫驱赶到卑微的境地，他们什么都没有，没有对自己的支配权，没有在溪流中钓鱼的权利，没有在森林中狩猎的权利，除非被授予特权；他们把生命浪费在领主之间持续不断的私人争斗中，这个世界，似乎没有给他们留下生存的空间，也没有给他们的灵魂留下希望。国王与民众"消失"了，现在只剩下一伙封建男爵们在尝试着让彼此消失！

雨果·卡佩

与墨洛温王朝的最后时光一样，光亮从一个意想不到的地方透进来，集权的趋势出现了。强人罗伯特来自一个名不见经传的家族，他的人生都用在了一场对抗北欧人的极具英雄主义的抗争之中，这为他赢得了"巴黎伯爵"与"法国公爵"的头衔。他将这些头衔以及附着其上的土地传给了自己的继承者们。

在丕平们的示范下，罗伯特家族凭借着天生的强大能力，一个接一个地紧紧抓住了掌控国家权力的资源。公元987年，丕平建立的这个王朝消失了，教皇宣布巴黎伯爵、修道院长雨果·卡佩[①]"因其伟大的功绩，成为法国国王"。雨果·卡佩，这位罗伯特的后裔将法国从崩溃中拯救出来。因为他喜欢披着叫作卡佩的披肩，于是，这就成了卡佩王朝世系的名称。

此时，王权与封建领主之间的争斗开始了，这一敌对关系持续了将近五个世纪，包括著名的黑暗时代。没有基督教会，也没有西班牙萨拉森人的火炬，文明之光看起来真的要熄灭了，与伟大传统相联系的线索也遭到了破坏。

教会的支配地位

当时，在法国无助、悲惨的状态中，教会看到了它的机会。面对那些没有生活、没有希望的沉默、谦卑、被遗忘的民众，教会提供了庇护、和平、安慰以及永远与这些民众相伴的基督徒的穷困。用这种方式，教会最终建立起了让国王与贵族都低下头颅的教权统治。

如果有人想知道这个时候的国王是怎么屈从于教会权威的，那么可以去读一下卡佩王朝第二代国王——"虔诚者"罗贝尔的故事。他无视血亲关系，迎娶了自己的表妹——温柔的贝莎，因此遭到绝罚（开除教籍）。他在自己的宫殿里被当作一个道德上的麻风病人。他被剥夺了与人类群体的联系，被迫与人类的声音相隔绝；他吃饭用的餐具、穿着的衣物，都被毁

---

① 又译于格·卡佩。——译者注

掉。直到他们两个懊悔地、心碎地同意分手，并表示他们的关系永远决裂。

"上帝的休战"

当时，国民心中的绝望驱使人们对宗教抱持着强烈的情感，当瘟疫肆虐时，不管是富人还是穷人都无法逃脱，良心难安的男爵们也承受着震颤。关于末世即将降临的信念开始流行，启示书不是说基督降生后一千年，将会有巨龙冲出，大地将会被摧毁吗？

当末日临近，工作都停了下来，田地也不耕种了，当瘟疫、绝望再加上饥荒降临人间，即便是穿上铠甲，人们的意志也十分消沉。教会以"上帝的休战"这一名义给人们带来了庇护，它指的是为了平息上帝的愤怒，在基督教教会年①的特定时期里禁止一切私人战争。心生悔意的男爵们，怀着类似的期望，与他们的邻居握手言和。利剑锈蚀了，因为他们都忙于修建修道院与小礼拜堂。也许有的人还没有得到和平，也许有的是因为失去抢夺的领地而感到焦躁不安，于是他们去罗马朝圣，在圣彼得与圣保罗的墓前祈祷。有些人甚至去耶路撒冷，或许那髑髅地的气息可以荡涤他们充满罪恶的灵魂。

记载这些忏悔的朝圣者们留下的事迹，是一件很有意思的

---

① ecclesiastical year.——译者注

事情。当年以"魔鬼罗伯特"著称的诺曼底公爵,他的异教徒祖先在一个世纪以前还是欧洲文明的可怖敌人,而在三十年后,他的儿子就戴上了英格兰国王的冠冕。

"征服者"威廉

在这条朝圣之路上,人流沉静地、平稳地涌向圣墓,这种行为被看作是一种赎罪,可以减轻上帝对有罪之人的惩罚。这种气息,是欧洲大陆即将发生的八次浪潮与风暴的预示;这条朝圣之路,也为中世纪重大事件的上演进行了预演。

不管动机为何,杀戮的停止,大小教堂、修道院的修建,都为法国编织了一条美丽的帷幔,让法国可以骄傲地装点自己,这个时期最伟大的建造者就是诺曼底公爵。在他的公爵领地,现代修习艺术的学生可以看到优雅与壮丽的完美结合,这也是早期建筑风格的特点。这个聪明的北欧民族为引人关注而创造的奇迹,很快就在法国社会的各个方面获得了卓越的地位。似乎法国并没有接受这个来自北方的糟糕产物,不过它却容纳了法国,甚至改变了整个法国的未来并为其带来色彩。可以说,这是一个能引起法国剧变的元素,意味着全新的生活,我们无法想象如果没有这个刺激的、绝妙的元素渗透进国民生活,这个国家会是什么样子。

这个民族接纳了它的邻居们的语音和礼仪,1066年,他们准备命令不列颠人也按照这种更优美的文明样式来行事。就在

"征服者"威廉出生的一个世纪以前，他的先祖们还在靠抢劫为生。从职业的角度看，他们就是马贼与盗匪。威廉的母亲是一个诺曼乡村女孩——制革工人的女儿，她赢得了那个海盗首领、诺曼底公爵罗洛的爱慕。威廉就是在这样一个不光彩的婚姻关系中出生的，父亲去世后，威廉继承了公爵领地。罗洛家族迅速蹿升的第一步就是与英格兰王室联姻，此后二者紧密地联系在一起。国王爱德华是威廉的远房表亲，爱德华去世时没有留下子嗣，这是个机会。威廉怀着焦渴的心情，带着六万和他一样的冒险者，踏上英格兰的国土，与他的表亲哈罗德争夺王位。

这已经不是北欧人第一次入侵英格兰了，但在此之前，没有任何一次侵袭能给英格兰带来更好的文明形态，并且是在教会的名义下！几周的时间，撒克逊人的最后一个国王哈罗德去世了，诺曼底公爵威廉成了英格兰国王威廉一世。

法国国王腓力带着沮丧的心情眼睁睁地看着他最富庶的省份落入英格兰国王之手，他自己的封臣戴上了王冠，拥有了比他还大的权力！一扇门就这样打开了，它的前方充满了纷争与痛苦。

当威廉正将英格兰碾压成粉末，并且以残酷的手段在撒克逊人身上牢铸封建链条时，另一个更大的权力中心在罗马冉冉升起。在那里，希尔德布兰德修道士成了教皇格里高利七世，他宣称自己拥有毋庸置疑的主权，基督是国王的国王，国王是基督在世间的代理人，在整个基督教世界，教皇的权威是绝对的、专制的。

"卡诺莎觐见"将教会的权威推向了巅峰。1072年，当时的德意志皇帝亨利四世被逐出教会，他在寒冬里赤脚而来，跪在格里高利七世面前匍匐。如果说9世纪时，查理大帝将教会视作他王冠上名贵的珠宝；那么到了11世纪，在教会眼里，所有的欧洲国家都只是主教头上镶嵌着珠宝的三重冠①。教会运用智慧和与生俱来的权力，将自己的至上权威扎进民众的心里，然后将全副武装的铁手放在了那些统治者们的头顶。

---

① 又译教宗冕、三重冕，罗马教廷教皇的礼冠，由主教冠与世俗王冠结合而成。——译者注

第七章

法国的社会结构

认为劳动有失体面的偏见，是法国社会结构的基石。不仅是体力劳动，所有以创造财富为目的的活动，都被认为是可耻的行为。对绅士来说，有荣誉感的职业是祷告或者战斗。

因此，法国社会被分成三个等级：僧侣，贵族，工商业者。

由于精神境界的高贵，在优先序列中僧侣集团居于第一位。不过，实际的统治阶层是贵族。僧侣的职责是照料灵魂，贵族的职责是战争，而专门负责辛苦劳作的第三等级，其存在的意义在于向其余两个等级提供各种支持。在封建时代，不论其财产或财富的形式是什么样的，它们都是由第三等级生产出来的。

第三等级中最低的阶层是"农奴"，农奴自身、连带他拥有的所有东西都完全属于他的领主。他被束缚在土地上，就像树木把根扎进泥土里一样。不过，农奴的地位高于我们今天称之为奴隶的阶级。在法国当时的法律中，农奴被认定为"自由民"。

"自由民"可以在某种限定条件下决定去留，但这丝毫不意味着他在拥有他的领主面前是自由的。他不可避免地要对领主服兵役，交一些贡赋，或者还有其他的要求。

可以想到，这个半奴役半解放的第三等级的人聚集在城市里，这些城市自然就成了生产统治阶级所需要的生活必需品与奢侈品的工业中心。这样，各种财富中心也由此产生。这意味着权力，也意味着某些在将来不得不予以认真考虑的东西。

自由城市

当个别自由民向他们经济拮据的封建领主提供金钱，以换取某种特权时，楔子锋利的边缘就已经嵌入原有的体制之内，接着宪章就出现了。由于领主们大肆开支导致对金钱的需求量越来越大，随之而来的，就是民众获得了越来越多的自由，直到他们买到的豁免权与特权足以使他们获得某种程度上的自治，这时城镇就变成了我们所说的公社。

卡佩王朝的第五位国王路易六世，承认公社是自由城市，由此，自由民的解放任务完成了。路易六世还明确赋予他们界定权利的选举权，这样，制造业阶级或自由民被视为共同体政治的一部分，并获得了自治权。

一个自由城市就是一个小的共和国，居民全体必须立下共同的誓言，当集合的铃声响起，公民必须出席公民大会，以选择他们的执政官。选出执政官后，大会随即解散。执政官开始治理地方事务，直到民众发起弹劾，或者进行新一轮选举。

这样，在时间的作用下，发展出两个阶级：一个是卑微的大众，带着狂热的民主精神；一个是保守的精英阶层，渴望与拥有大量财富的上层保持和平。

在这一简单、粗糙的风气下，人们开始向着自由不断摸索，也在尝试着迈入自治的门槛。

路易六世对自由城市的承认，是国王与民众结成联盟的第一步，这个联盟最终将把权力从贵族手中抢夺过来，不过此时距离这个最终结果还很久远。王权的另一项成就在随后的路易七世统治时期得以达成，他迎娶了阿基坦①公爵的女儿埃莉诺，而她继承的巨大遗产——封建诸侯国中最大的一块领土，也就因此加入了王权一方。这场婚姻将对两个王国的历史造成一些困扰，我们后面会提到。不过，在国王与贵族阶层的争斗中，权力的天平正在向着王权倾斜。

腓力·奥古斯都

路易七世与埃莉诺结婚后，埃莉诺王后的放荡行为惹怒了路易七世，于是国王向教皇提出离婚请求，教皇准予了。这直接导致了王权的交换。安茹伯爵亨利娶了离异的埃莉诺，从而得到了阿基坦——埃莉诺的嫁妆，亨利从父亲那里继承了安茹，从母亲那里继承了诺曼底，之后又成功当上了英格兰国王

---

① 位于法国西南部，西邻大西洋，南接西班牙，位于比利牛斯山脉与加龙河之间，大体相当于高卢西南部罗马行政区阿基坦尼亚。8世纪时，成为查理大帝统治下的一个王国。1137年，阿基坦的埃莉诺与路易七世结婚，阿基坦归属卡佩王朝。——译者注

（亨利二世），由此亨利管辖的领地要比法国国王控制的地域大出三倍以上。

亨利与埃莉诺的婚礼在1152年隆重地举行了，从此拉开了英法大战的序幕。与英格兰的漫长争斗比起来，法国与封建男爵们的战争显得是那么微不足道。这场旷日持久的战争，紧紧地、极大地控制着整个法国。

卡佩王朝历史上第一位真正伟大的国王，就是在这样紧急的情况下出现的。1180年，路易七世的儿子，年仅十五岁的腓力·奥古斯都已经掌握了统治的精髓。二十一岁之前，他拆散了一个对抗他的封建男爵联盟。接着，他将重点转向英格兰，当时埃莉诺王后与她的儿子们正在密谋对抗亨利二世。于是，腓力·奥古斯都成了她们的同路人。他们建立起密切的关系，塞纳河小岛上的宫殿成了约翰与理查德密谋反对他们父亲的庇护所。但是后来，腓力·奥古斯都与理查德发生了争吵。

腓力细心地观察理查德及其弟弟约翰。他知道浪漫、独特的理查德的弱点所在，也了解腐败透顶的约翰是一个不把任何承诺当真的背信弃义之徒。腓力以他冷血的处事态度，准备利用他们两个。

与英格兰约翰王的对战

约翰曾密谋反对自己的父亲，现在腓力将帮助他取代他的兄长。当时，理查德正安稳地占据着巴勒斯坦，趁此机会，腓力·奥古斯都筹划着要将约翰推上王位，作为回报，他将获得诺曼底的管辖权！这是一个精心策划的阴谋，不过当理查德返回法国时，这一切都变成了泡影。但到了1199年，由于理查德的死，王位自然而然地落到了约翰手中，这个埃莉诺王后堕落的儿子成了英格兰国王。

夺回失去的财富，有时也有其他的意义。腓力转而支持约翰的侄子、声称拥有王位合法继承权的竞争者——年轻的亚瑟争夺英国王位。当这位不幸的王子被谋杀时，人们都认为凶手是奉了约翰的命令。约翰虽是英格兰国王，但也是诺曼底公爵，所以也是法国国王的封臣，因此针对亚瑟被杀一事以及约翰王犯下的其他罪行，法国国王召集了一次对约翰的审判，传唤他出席。

经多次传唤，约翰仍然拒绝出席腓力的法庭，根据封建法律，法国国王有权合法地剥夺他的公爵领地。

约翰王用武力捍卫他失去的领土，可是这样的抗争没有取得效果。在接下来的战争中，卢瓦尔河以北的所有土地都被腓力占据了。腓力一举击溃了国内外的所有敌人。

不只是诺曼底，还有安茹、都兰、普瓦图都被再次纳入法国版图，不过它们不再像以前一样是公爵、伯爵的领地，而是由国王控制的王室领地的一部分。这时的王权，高高耸立在法国所有大领主之上，这一局面第一次成为现实。

这就是腓力为自己的统治上色的扩张政策，不是向国外扩张领土，而是推进、加固他对于法国领土的实际统治。我们看到了这一政策在北方得以顺利推进的原因和过程，但其向南方的扩张就不是这样顺利了。

图卢兹与阿比尔教派战争

图卢兹省名义上臣服于法国，实际上却由图卢兹伯爵雷蒙德六世统治。如果不是这个省占据和控制了地中海沿岸的一些港口，法国可能什么都不会有，可能也发现不了这个"艳体诗"与游吟技艺的故乡，以及所有优雅的、凝练的艺术。事实上，这里也是危险的异端邪说的温床，还有普罗旺斯那些崇拜魔鬼、钟情于诗歌与音乐的年轻人。

不难理解，在这个高度成熟的社群中出现了某种拷问当时社会状况与教会信仰的精神；同时，也让一个狡猾的君主看到了能够为己所用的机会。出于对教皇英诺森三世的不信任，约翰·德·蒙福尔不仅为腓力打开了地中海的港口，也把图卢兹——封建领主里剩下的最大一块领地交给了法王。与此同时，异端、游吟诗人与竖琴发出的声音永远消失了；即便是带着精妙的句式变化与音乐声调的演讲，也从此消失不见，再也听不到了。简而言之，这就是"阿比尔教派战争"的由来，起因是阿比尔教派把异端邪说从瑞士带进了普罗旺斯。

法国的转变

经过一个半世纪，诺曼底再次被纳入法国版图，从此两个王国走上了不同的道路。在一个王国里，王权得到加强；在另一个王国里，文明程度得以发展。在英格兰，贵族与民众越发结合在一起，决心共同对抗一个专断的国王，这一限制君主特权的顽强努力催生出了《大宪章》，永远保证了英国人的自由权利（1215年）。而在法国则刚好相反，权力大量向国王与专制政治转移。两个民族都在命运的掌控之下，命运也驱使着肆无忌惮的人们实现他们各自伟大的目标。

不管我们怎么蔑视腓力的心灵与目标，谁也不能否认他超群的智力与政治才能。他是一个缩小版的查理大帝，不受道德束缚。克洛维或丕平的继承者中，没有一个像他这样英明地领悟到一个永恒持续发展的民族所需要的资源。他可能在言语上充满了欺骗，实际上也不讲原则与道德，不过，他将自由城市置于其私人保护之下，与外国开放贸易，使巴黎与法国变得更加美丽。他可能披着宗教的外衣，向欧洲最天真无辜、最具天赋的地区施加不公平的残酷统治，以求为法国攫取通往海洋的安全通道。但是他留下了更富裕、更欢乐的市镇，他的王国与当地原有的暴政相比，更加自由。他将法国从一种骑士与男爵们混战的争斗中解脱出来，转向一条通往现代国家的道路。

第八章

阿伯拉德

如果说骑士精神增强了教会的力量，那么同时也带来了思想的扩散，这将侵蚀教会统治的基础。人们开始思考、探究，紧接着就会怀疑，罗马的荒淫无度与缺点恶习怎么会与神圣的正直相混合？如果普罗旺斯的民谣、诗歌讽刺了神职人员的生活与行为，那么它所叙述的真的是实情吗？

在腓力的父亲统治期间，一个苍白的、热衷于思考的年轻人正在塞纳河边巴黎圣母院近旁的修道院里踱着步子，他正在思考这些事情。阿伯拉德，这个最博学、最有修养的人，其真挚的演讲带来了理智的觉醒，开创了一个新纪元。他在露天的地方向自己的门徒们演讲，因为没有哪所建筑能够容纳他数以千计的听众。这个运动变得日益本土化，他们通过各种各样的活动创建了一个新的学生聚集地。于是，在二十五年的时间里，这里成了一个嘈杂、混乱、焦虑的地方。当时，这里唯一奢侈的乐趣就是思想的延展，在那里拉丁文成为口语，拉丁区也由此出现。

但是没过多久，阿伯拉德的讲授就被苏瓦松的宗教委员会判为有罪。演讲的地方还在，但阿伯拉德已经离开了。他终其一生都被囚禁在克卢尼修道院。他是真理的殉道者，被珍藏于人们的心中，也是12世纪那个悲伤爱情故事中埃洛伊丝的恋人，孤独地静默着。

路易九世

路易八世是腓力的儿子，也是王国的继承人，在为期三年的短暂统治之后，他去世了。紧接着，路易九世在他的母亲"卡斯蒂利亚的布朗歇"的摄政下称王。同样是这个家族，后来将伊莎贝拉嫁到西班牙，她以同样英明的手段治理了法国，是那个关键时刻里的勇敢者。

王座上坐着一个十一岁的男孩和一个三十八岁的女人，对那些男爵们来说，时机似乎再合适不过了。他们汲汲以求地，想要恢复被腓力强夺走的权力，然后限制住王权，使它回到以前那种谦卑的状态。

带着这个意图，一个强大的联盟建立起来了，北方与南方的男爵们在"图卢兹的雷蒙德"的带领下，联合在一起。但凭借着军事上的力量与外交活动，"卡斯蒂利亚的布朗歇"以令人惊异的态度与勇气应对了这一危机。自由城市加入了她的阵营，不仅对抗王权的联盟破裂了，王权与民众之间还建立起一条纽带，使得王权比以前更加强大。

布朗歇安排她的儿子与普罗旺斯伯爵的女儿联姻，显示出了极大的政治智慧。普罗旺斯伯爵权势极大且心怀不满，掩藏反叛之心，与那位反叛的图卢兹伯爵很相似。但布朗歇赢得了普罗旺斯伯爵对王室的忠诚，并巩固了这种关系。之后，图卢兹的雷蒙德七世——阿比尔教派的支持者、战士、诗人、游吟诗人和宗教异端，因对抗教会而在巴黎圣母院受到刑罚。

路易九世手握王权，使法国迎来了崭新的黎明。路易不是一个伟大的战士，他的统治不侧重于领土的扩张，而是聚焦于英明的治理，这使得他的国土更加牢固，社会更加稳定。我们倾向于认为腓力的这个极具思想性的孙子首先是个圣徒，不过他对这个国家的服务才是持久的与头等重要的，因为他处理的是所有事务的根源。当他设立王室法庭，接受针对封建势力粗暴司法与不公的上诉请求时，他暗中破坏了领主权力的根基。通过运用上诉权，他对国内最穷苦的人施以援手，给予他们保护。当困惑的男爵们听到不归他们统属的人员宣告私人战争可被判处死刑时，他们感觉到自己的权力正在悄悄流逝，感觉到自己正在走进一个新的世界。

这种统治带来的最大影响之一是废止了双重效忠，在诺曼底公爵征服英格兰时就产生了这个问题。路易九世不再允许封建领主在一个外国国王治下占据土地，从此，就不再有哪个被征服的省份可以向一个英国国王宣誓效忠，也不再有哪个英国国王可以做法国国王的封臣。

路易九世极力加固王权，被当时的人们认为是最好的国王、最好的人。不过，他创造了一种绝对专制的统治，五百年后，为了推翻这种制度，发生了一场空前骇人的革命。在这种统治下，任何一个明智的举动都将激起公平正义精神的反击，即便这些反击行为驱使国家内部的所有权力都汇聚到一个中心点，并处于一个人的掌控之下。但是这种统治也是法国在当时已有条件下最好的发展结果。

即便路易九世是个圣徒，而且在献身于教会的表现上近乎狂热，但当遭遇不公时，他还是会用那种对付封臣的精力，来对抗教皇或主教。同时，在同样的公平精神下，当他那些过于热心的追随者侵犯了贵族的封建权力时，他也会对他们加以惩罚。

路易九世是法兰西的国王，同时也是一个圣徒，被称作圣路易。对他而言，真正的生命是灵魂的生命。当荆棘王冠的一部分从耶路撒冷运来送给他时，他建造了一间精致、优美的圣礼拜堂来供奉它。他光着头，赤着脚，在庄严的队列里将王冠从樊尚护送到巴黎，并用虔诚的双手将其放置在今天我们能看到的神殿里。圣方济各·阿西西①也没有达到腓力·奥古斯都的这个虔诚、神圣的孙子的精神境界。黑暗时代里没有哪个僧侣像路易九世一样如此尊崇圣物！

欧洲文明的开始

中世纪，在东方与西方对抗的同时，人们的视野变得开阔，一群原本彼此孤立的王国建立起兄弟般的关系。之后，欧洲文明开始了。

不同信仰的人在密切的接触中淡化了彼此的偏见。异教徒

① 又译圣法兰西斯。中世纪时意大利修道士，是意大利阿西西一个呢绒商的儿子。他是天主教方济各会的创始人，清贫福音的发起者，主张清贫节欲的苦行生活。——译者注

发现，骑士并不像他们想象的那样，只是一些残忍、愚蠢的野蛮人；骑士也发现，那些渎神的异教徒也不是他们想寻找的那种怪物。事实上，欧洲人在萨拉森人与希腊人那里，发现了一种比他们自身更先进、更博学，也更优美的文明。与西方带给东方的文明相比，更多的来自东方的文明成果被基督教吸收并利用。欧洲的艺术与思想，受到了将它引向美好未来的第一次冲击。

腓力四世与罗马教皇

在路易九世的儿子腓力三世十五年的统治时间里，法国仍沿着路易九世统治时期的势头继续前行。不过随后，腓力四世的统治却是划时代的。圣路易这个专横的、意志坚定的后人，提出神职人员应当缴税，为国家承担责任，分忧解难。但和腓力四世一样专横、坚定的教皇卜尼法斯八世，立即发出一份教皇诏书，禁止僧侣缴税，也不允许行政人员收税。腓力四世对此下了一道圣旨，禁止贵重金属（当然也包括钱财）从法国出口到意大利，这就切断了教皇来自法国教会的一大笔赋税收入。

三级会议的创建

解决这一争论的关键，最终导向在王国内部国王与教皇的相对权威孰大孰小的问题。为了加强自己的地位，或许也为了显示国王对神职人员的不屑，就像他轻视那些男爵们一样，腓力四世采取的措施深刻地影响了法国的未来。他召集了一个大议事会，商讨教皇的这些要求。他不仅要求神职人员与贵族这两个管理国家的领主阶层参加，也召集了乡镇与城市的代表——第三等级！高级教士、男爵与中产阶级市民第一次在国民会议①上坐在了一起。

一个扮演着绝对主义角色的国王创设了三级会议（1302年），打造了最终将促使法国从君主政体中解放出来的工具！

阿维尼翁的教皇

国王的理由得到了议事会的支持，教皇的请求被驳回了。这还不够令人满意，腓力四世随后大胆地提议召集一次宗教大会，以此决定卜尼法斯八世是否有资格佩戴三重冠担任教皇一职。据说，卜尼法斯八世死于这次会议带来的冲击与震动，国王是这场较量的大赢家。在教皇选举会议上，腐化堕落的红衣主教们已经领到了分发给他们的馈赠，天主教会与教皇匍匐

---

① 即三级会议。——译者注

在国王的脚下，也可以说是攥在他的手中。腓力四世从他掌控的那些大主教中，选出最放荡无耻的一个作为他的工具担任教皇。克雷芒五世坐上了圣彼得的椅子。天主教世界的中心随后从罗马搬到了阿维尼翁，腓力四世可以随时向其发布指示。这段以"巴比伦之囚"[①]闻名的、持续七十年、历经七任教皇的教皇权力史中令人错愕的时期，就此开始了。

圣殿骑士团覆灭

圣殿骑士团，那些圣墓的指定守护者与耶路撒冷的捍卫者，腓力四世认为他们不会赞同这些事情，不管用什么借口，他们肯定是要被消灭的。于是，罗织了某些莫须有的罪名，在一天时间里把所有这些带有兄弟盟誓关系的人都抓了起来，经过简单的审讯，然后定罪。端坐在塞纳河小岛上古老宫殿里的腓力四世，向摆好薪柴的刑场下了命令，立即处决了他们的首

---

① 公元前 587 年，新巴比伦王国国王尼布甲尼撒二世征服犹太王国，将大批王室成员、祭司与普通民众掳往巴比伦，称为"巴比伦之囚"。公元前 538 年，波斯帝国阿契美尼德王朝皇帝居鲁士大帝占领巴比伦，犹太人被获准返回家园。这里借巴比伦之囚形容教皇在阿维尼翁受制于人的状态，一种通常的说法是"阿维尼翁之囚"。卜尼法斯八世去世后，1305 年，法国波尔多大主教帕特隆特的哥·德戈特被选为教皇，即克雷芒五世（1305—1314 年在位）。他在腓力四世的支持下登上教皇宝座，在里昂加冕，由于惧怕意大利人反对，始终未去梵蒂冈，并于 1309 年将教廷迁至法国东南部的阿维尼翁，受法国控制。1309 年至 1378 年，共有七位教皇绝大部分时间驻在阿维尼翁，被称作"阿维尼翁之囚"。——译者注

领以及很多同党。

腓力四世做出这一悖逆天理的事情之后不久，就一命归西了，大家普遍认为这彰显了上帝之怒。他的三个儿子，路易、腓力与查理，相继统治了仅仅十四年，就都去世了，然后这个家族出现了后继无人的状态，这看起来像进一步证实了笼罩在这个家族上空的诅咒。

继承权的变动

自雨果·卡佩以来，继承权问题第一次出现无法确定的局面。由于当时的《萨利克法典》规定，只有男性后代才有资格登上法国王位，腓力四世的三个儿子都去世了，各自只留下一个女儿，只有腓力四世的弟弟（瓦卢瓦的查理）是和雨果·卡佩血缘关系最近的男性子嗣。这样，王冠就传到了卡佩家族瓦卢瓦支系的腓力六世手中（1328年）。

第九章

爱德华三世觊觎法国王权

在这次继承权的断裂中，英格兰看到了机会。英格兰国王爱德华三世的母亲伊莎贝拉，是腓力四世的女儿。爱德华宣称他作为法国国王的外孙，要比法王的侄子更有优先继承权。当然，对《萨利克法典》的严谨解释肯定会妨碍他从母系一方主张继承权，不过爱德华不会计较这些细枝末节。赌注很大，机会也很大，现在英格兰不只是要收回它在法国失掉的财富，更有可能合法占有整个法国。

于是，一支英国军队再次登上法国土地。1346年，爱德华带着他心爱的大炮，在围攻并占领加来后，又赢得了克雷西之战。此后两百年，加来一直都是英国港口，就像安插在法国身边的一枝荆棘。

瓦卢瓦王朝的约翰

在瓦卢瓦王朝第一位国王腓力六世统治期间，勃艮第古老王国的一部分领土多芬尼（Dauphiny）陷入法王的包围之中。没有子嗣的老公爵，提议将这块土地卖给法王，条件是这块领土要划归法王长子所有。从此，法国的王位继承人有了王太子这一称号，一直延续到路易十六的儿子。1350年，虚弱的腓力六世去世了，他的儿子——第一位冠有王太子称号的约翰登上了王位。

瓦卢瓦王朝的第二位国王约翰，是一个不符合时代潮流的人。他生在14世纪，却一直想回到11世纪。他恢复骑士阶层的仪式与礼节，在卢浮宫举办比赛，还设立了很多新的头衔。这些事情占据了国王的心智，也耗费了王国的精力，使整个王国陷入了内部派系分裂与外部敌人入侵的泥淖中。

一个异想天开的唐·吉诃德式的人物，坐在摇摇欲坠的王座上，与当时欧洲最重实际的政治家和全副武装的战士对抗。

征税会议

由于权力中心的虚弱，法国再次陷入四分五裂的状态，甚至贵族间的私人战争也死灰复燃。在所有瘫痪的局面中，最主要的是国库空虚。这时，约翰从他的主要计划中抽出一些时间，处理王国事务。首先，税款必须收缴。当第一次收盐税时，爱德华国王谦虚地留下了一个千古名句，他说"终于发现是谁发明的《萨利克法典》了"。①

在聚敛钱财的各种计划中，钱能收得上来非常重要。这

---

① Salic Law（《萨利克法典》）中的 Salic 与 salt（盐）拼写相近。——译者注

样，负担就会落在那些能够担负得起并且愿意付钱的人身上，也就意味着税收的对象是那些城镇、城市的居民，即资产阶级。不过，万一他们拒绝交钱怎么办？为了确保措施能够顺利推进，正确的做法是要事先征得他们的同意。

当国王约翰请求三级会议允许向他们征税时，三级会议第一次践行了自己的权力。三级会议要求钱款的征收与支出，都要在其办事人员的监督下进行；此外，还要求进行改革：私人战争必须停止；三级会议必须有固定的会期，按照约定的时间间隔召开，而不是由国王召集。

在巴黎举行的这些会议愈演愈烈，逐渐添加了恶毒的成分，他们很快受到煽动家们的支配，变得越发暴力与革命，最终出现了红帽子团体。这些人展开了一场运动，他们在街头设置路障，在随后的一段时期内，甚至带有暴徒动乱的色彩。这些因素使得整个运动落入"坏人查理"的代理人手中，这个邪恶天才恰逢其时，他看到了机会，即利用这场运动实现自己夺取王权的野心。不过，法国将要再次听从第三等级的意见。

布雷蒂尼条约

1356年，爱德华三世的儿子——黑太子爱德华，在普瓦捷赢得了一场比克雷西之战还要大的胜利。在这场战斗中，法王约翰被俘并被带到了伦敦。

不过爱德华三世发现，胜利来得容易，但想彻底征服法国

却很难。战争开始以来，一代人的时间过去了。于是，1360
年，两个王国已准备好以和平的方式解决问题。根据《布雷蒂
尼条约》，爱德华三世宣布放弃谋求法国王位，作为补偿，他
获得了埃莉诺王后带给亨利二世的巨大遗产的全部主权；国王
约翰被释放回法国，他的儿子作为人质，直到付清巨额赎金。
当然，贫穷的法国拿不出这笔钱，于是约翰的儿子逃出了英
国，但国王约翰出于对他的骑士信条的忠诚，回到伦敦接受监
禁，并于1364年去世。

查理五世与贝特朗·杜·盖克兰

法国王太子如今成了查理五世，他带着重振法国雄风的决
心登上王位。他的注意力落在一个年轻的、布列塔尼的军事天
才——贝特朗·杜·盖克兰身上，一个可怜的、身材矮小的、
丑陋的人，但他已晋升到通常只有贵族们的儿子才能获得的军
事职位。在查理五世策划的一场与英格兰重启战端的战争中，
杜·盖克兰将成为他的一柄利剑与睿智的大脑。

黑太子之死

此时，黑太子已经前往西班牙与残忍的彼得作战。由于继

承权问题，黑太子卷入了一场内战——卡斯蒂利亚战争，为了这场战争，他正在向他阿基坦的新臣民征税。为了逃避这种压迫，阿基坦的民众倒向了查理。查理立即召集贵族法庭，并传唤爱德华太子到庭为自己辩护。对此，黑太子的回复是，他会接受邀请，不过他会戴着头盔，率领六万人马，参加这个盛宴。

爱德华太子与他的六万军队被驱赶着，逐渐向北方退却，直到英国的领地缩减到海岸边的一些城镇，查理与杜·盖克兰如此顺利地在战争中实现了法国的复兴。黑太子在职责与战败的重压下，被疾病击倒了，并死于1376年。不久，爱德华三世也去世了，理查二世成了英国国王。

查理六世

查理五世不仅赶走了英国人，反叛的三级会议也被他限制住了，并且牢牢掌控在自己的手中。但更重要的，还是他对军事体制的重组，军队交由国王指定的军官指挥，这些军官可以不受贵族的控制。丧失了军事能力的封建领主，什么事都做不成。对封建制度的打击，再没有比这更强烈有效的了。

国王约翰是古代精神的化身；而查理五世，其短暂统治中的每一项举措都是在反对他父亲的目的与理想。在过去半个世纪的灾难与随后即将到来的更大的灾难之间，法国获得了一个必要的喘息时机。

1381年，查理五世去世，王位由一个十二岁的柔弱男孩继承，他在三位叔叔的交替摄政下维持统治。这几个查理的兄弟——浪漫的国王约翰的儿子们，好像代表了足以贬低人性的所有特质与情感。年龄最大的安茹公爵，由于偷窃国王宫殿与地窖中所有能够挪动的东西，而被取消了摄政权。勃艮第公爵接替了他，他的目标高端一些，需要一块更大的土地来容纳他雄心万丈的灵魂。他的眼睛紧盯着王位。他与贝里公爵在大主教的迫使下，将权力交给了年轻的查理六世，但他们把安茹剩下的所有东西都搬进了自己的城堡。接着，大主教莫名其妙地被杀了，然后这个少年国王迎娶了巴伐利亚的伊莎贝拉，据说她是欧洲最美丽也最邪恶的女人。

疯王

查理六世一直是个弱不禁风的、柔弱的男孩，当他在某个晚上骑马时，一个外表粗野的陌生人从黑暗中跑过来，抓住他的马缰绳，喊叫道："快跑！快跑！有人背叛了你。"受到惊吓的年轻人在这次打击之后，变得郁郁寡欢。后来，又突然狂躁起来，杀了四个随从。一个疯王，坐在法国的王座上；一个欧洲最坏的女人在摄政；而三个叔叔，像秃鹫一样游荡在垂死的国王身边，准备夺取从金制烛台到王位的一切东西。

奥尔良家族与勃艮第家族的纷争

当暴政与恶行的潮流涌来时，法国日渐沉沦，造成这种局面的决定性因素是勃艮第家族与奥尔良家族之间致命的纷争。在第一任勃艮第公爵死后，他的儿子约翰将摄政权从国王的弟弟奥尔良公爵手中抢夺过来。这件事所引起的纷争，把法国从头至尾撕成了碎片。当奥尔良派收拢他们的追随者，意图将约翰驱逐出去时，约翰正在巴黎构筑自己的营垒。就像其他恶棍一样，这位勃艮第公爵把自己打扮成民众的挚友。他向那些饥饿的民众脱帽致敬，微笑着与他们攀谈，他知道怎样利用他们的感情——通过折磨与处决那些他们认为虐待了自己的人，来取悦他们。他告诉民众，对于他们被奥尔良公爵与伊莎贝拉王后敲诈勒索的遭遇，他非常同情。他友好地向民众提供自卫的长矛，如果他们需要，他愿意提供铁链封锁他们的街道。接着，他向国王的弟弟——他在奥尔良的敌人伸出他的手，他们和解了：过去的事情不再提及。

然后我们看到了一个和谐的画面：两个朋友一同参加圣餐仪式，分手时他们热烈拥抱，言语中满含热情，并约定在第二天的舞会上见面。深信不疑的奥尔良公爵走出门去，走进暗夜之中，受雇的杀手躲在黑暗的角落里，正等着将他撕成碎片。紧接着，法庭将这个公认的谋杀了国王弟弟的人无罪释放，依据是诛灭暴君是一种责任。国王悲伤的、癫狂的幽魂说了一句别人教给他的话："我公正的堂弟，我们原谅了你的一切。"于是，这出悲喜剧就结束了。

现在没有人能够抗衡勃艮第的权力。在英国占领法国领土的那些最糟糕的日子里，法国面对的来自爱德华三世的威胁，还不如它现在面临的来自民众的领袖与保护者——勃艮第公爵的威胁更为严峻。勃艮第人或人民党、奥尔良人或贵族党当前的目标，是国王的财富，以及在他极少数头脑清晰的时刻控制他的行为。

这场内战是在政府功能全面退化，对领土丧失控制的情况下发生的。如果英格兰没有看到机会，那它就是极度缺乏洞察力。不过，它在自己的革命问题上耗费了太多的精力，它必须等待。当兰开斯特王朝的第一位国王亨利四世在位时，他需要人们的支持，以便将王冠牢牢地戴在头上。不过，当年轻的亨利五世带着旺盛的精力与勃勃野心登上王位时，从法国夺回财富的时机就成熟了。

1415年，阿金库尔战役打响，以奥尔良派为代表的法国骑士遭遇惨败。那天，叛徒勃艮第获利甚丰，他自诩为人民的拥护者，对王子、主教以及骑士进行大规模的屠杀，走向了邪恶的巅峰。

在鲁昂，亨利五世以法国国王的身份公开运转他的宫廷。勃艮第公爵约翰在伊莎贝拉王后的陪同下，亲自迎接亨利五世，并正式承诺为这位英格兰国王及其随从提供支持。

1420年，签订了著名的《特鲁瓦条约》，规定亨利在有生之年，将作为查理六世的摄政王，如果查理不幸离世，亨利的名号应该是英国亨利五世与法国亨利二世，两个王国以后应该寄于一个王权之下。亨利与凯瑟琳公主（查理和伊莎贝拉的女儿）的浪漫婚姻也是条约的组成部分，他们的婚礼在塞纳河小岛的古老宫殿里隆重举行。那些我们今天还可以看到的宫殿里的拱形天花板，当时鄙夷地俯视着这场历史性的婚礼，三百五十年后，它们又以同样的姿态见证了玛丽·安托瓦内特[①]的婚礼。现在，我们主要是通过莎士比亚笔下名为《亨利五世》的戏剧，了解亨利与美人凯瑟琳的这场婚姻的。

不过亨利注定没有机会戴上法国王冠，甚至也没能再次注视他的故土，留给他的时间只剩下两年多一点了。他在查理六世去世的前几周，死于卢浮宫自己的宫殿里。经过这次变故，亨利的王位继承权传到了他年幼的儿子手中，勃艮第派承认他为法国国王。

查理六世的儿子，一个年仅二十岁的王太子，粗心大意，热衷于享乐，对王国的得失漠不关心，对局势的把控也非常微弱，只有一些占有少量土地的奥尔良派追随他。苏格兰派了几千人马来支援他，但相对于占有大量土地的勃艮第派，以及拥有众多城镇的亨利五世的弟弟、太子的摄政王——贝德福德公爵而言，这些力量又能起到多大作用呢？

奥尔良之围

王太子的追随者所占据的奥尔良城被包围了，这座城池是局势走向的关键，它的陷落意味着王国的陷落，也意味着敌人

[①] 法国国王路易十六的王后。——译者注

对法国的征服。当这一事件发生时，卢浮宫里那个孩童就将真的戴上法国王冠。所以，沮丧的查理（查理六世的儿子）面对这种形势是如此地绝望，是求助于苏格兰，还是寻求西班牙的庇护？他在二者之间犹疑。

不过，尽管乡镇与城市背弃了他，民众的心却没有。爱国主义遍布在国土的其他各地，仍然存留在那些匍匐在领主脚下的沉默与谦逊的被遗忘的大众心中。君主制是他们的朋友，唯一的朋友，教会抛弃了他们，加入了他们的敌人——贵族阵营。不过对民众而言，国王的名号意味着感激与希望，而他们，热爱这个名号。

圣女贞德

如果有一棵郁郁葱葱、枝繁叶茂的大树，一夜之间从大地母亲贫瘠的胸膛中生长出来，也比不过我们要说的这个真实发生的故事更令人感到不可思议。当时，一个农民、一个女孩，超越了年龄、性别、血统、身份的诸多限制，光彩夺目地崛起，挽救法国于危亡。她受到上天的召唤，不仅听到了天使们发出的声音，而且看到了她们，圣女贞德开始了她拯救法国的使命。

当这个民众之女、栋雷米的农民被允许觐见王太子时，据说是出于消遣，也是为了验证她的使命的真实性。查理换上一件侍从的衣服，不过，这位少女径直地走向他，说："优雅的王太子，我此行将恢复你的法国王位，我将拯救奥尔良。而你，在上帝与我的夫人圣凯瑟琳①的护佑下，将会在兰斯加冕。"

4月29日，圣女贞德进入这座虚弱不堪的城池，她也将王太子带到兰斯举行他的加冕礼。然后，她跪在查理七世脚下，恳请这位"优雅的国王"让她回到栋雷米她的羊群中去，她说："因为，它们爱她胜过她见过的成千上万的民众。"

不幸的是，她没能回到自己的羊群之中，而是落入了豺狼之口，她被英国人抓住，成了他们的俘虏。

他们将如何处理这件奇怪的事情呢？将它称作超自然力量？摄政的贝德福德公爵谴责她发起了对抗年幼国王的叛乱；博韦主教说她是渎神者与魔鬼的孩子。再也没有比她承受的这两项指控更明白无误的罪行了！1431年5月13日，在鲁昂的集市上，这个神秘的、热情满怀的孩子被施以火刑。而此时此刻，那个"优雅的国王"又在哪里呢？

一个乡村女孩，不管在年龄上还是在经验上，都只是个孩子，她是如何相信自己被召唤去践行这样一个使命的？这永远是个谜。只能解释为她得到了天国的指引，或听到了天国的"声音"，使她觉得自己应该去寻找国王，用她的信念激励他，激起他心中的热血与动机，鼓舞军队的勇气，让他自己取得绝对的、完全的胜利。然后，她迫使不情愿、又疑心重重的查理与她一起去兰斯，在那里加冕，成为人们心目中法定的、

① 又译圣加大肋纳（约公元287—305），基督教圣徒与殉道者。据圣女贞德说，圣凯瑟琳曾在其面前显灵多次。——译者注

神圣的国王。在那一天，这个天真的孩子交给他一个王国，交给法国一个国王！

历史会有不同的章节么？如果事情到此为止，她回到了母亲的怀抱，怀着她简单的快乐飞快地旋转，就像她在干完自己的活儿之后一直想做的那样。不过事实不是这样的！我们看到她落入了被击败的、心怀深仇大恨的英国人手中，这个孩子把一个已经落入他们囊中的王国抢夺了回去。她被移交给法国宗教法庭审判，法庭宣判她是一个女巫与渎神者，之后又把她移交给世俗当局，最终对她的判决是死刑。

我们看到这个柔弱、可怜的女孩，充满困惑，惊恐万分，双手因捆绑而扭曲。在被送往刑场的路上，她大声地喊叫，说自己是无辜与清白的。当她年幼的身体被捆缚在火刑柱上，薪柴与稻草环绕着她堆积起来时，上帝与民众抛弃了她，再也没有天国的声音响起，再也没有奇迹出现。火把点燃了柴草堆，她纯净的灵魂随着缕缕火焰向上升腾，直至九霄。

粗糙的男人们哭泣了，一位勃艮第将军在他沉郁地转身离开时，说道："我们谋杀了一位圣徒。"

查理七世

查理呢？他坐在被圣女贞德拯救回来的王座上面。为了救她，他做过什么吗？一丁点都没有！据说这成为他永恒的耻辱，他什么都没有做！营救的努力可能不会成功，或者纠结于这件事，也可能于事无补。不过，他的骑士精神在哪里？他的男子气概在哪里？他连尝试都没有尝试，或者，哪怕是对她的命运发出一点愤怒的抗议！

二十五年后，他为贞德竖立了雕像以纪念她，并且"恢复"了她的名誉，而那个曾经判决她渎神的教会也将她列入了圣徒的名单。

第十章

创建常备军

　　查理七世创建了常备军，对封建制度造成致命一击。他的儿子路易十一，用冷血、残酷的手段集中封建领地，基本完成了法国的统一。其强悍、狡猾的才智使他看到与大众结盟，对他至高无上的权力具有显著意义。自提比略①以来，再没有哪位国王像他一样嗜血。不过，他在自己的王国里推倒了带有中世纪精神的政治结构。当他残酷的统治结束时，中世纪也终结了，法国的现代生活开始了。

中世纪精神的消亡

　　即便是伪装的骑士美德，在法国也不复存在了。这个时代，拥有心智与头脑的人取代了穿着钢铁盔甲的出身名门的强盗与无赖。据说，数以千计的具有骑士风度的领主与贵族，在阿金库尔战役中遭到屠杀，二十个人里面，竟没有一个人能够写出自己的名字。敌对双方都十分残忍，都带着野蛮人的天

---

① 罗马帝国朱里亚·克劳狄王朝的第二位皇帝，公元14—37年在位。——译者注

分。当勃艮第公爵，这个法国最富有的亲王将他的敌人饿死在巴士底狱隐秘的地牢里时，他的奥尔良对手，阿马尼亚克伯爵没有打开巴士底狱的大门，而是正在将勃艮第人斩首，直到他的刽子手因疲劳过度而昏厥过去。

当我们读到阿金库尔战役中这些有着骑士精神的野蛮人遭到屠杀时，几乎是一种解脱。如果这艘强大王国的航船想避免沉没，必须做好两件事：一是封建制度的腐烂尸体必须被丢下船，二是教会必须纯洁化。因为二者都从创建它们的理想中堕落下去了，对真理、公正、无可挑剔的荣誉的信仰，对神圣的爱与仁慈的理想，都堕落了。即便是对真理、公正、荣誉的伪装，也不复存在了，只剩下难以形容的贪腐。从屠杀阿比尔派教徒的那天开始，教会就已经是铁石心肠，那些存在于生活中的神圣火花也熄灭了。无能的守护者遗弃了民众，与民众的压迫者达成共识，一个教皇在罗马，另一个教皇在阿维尼翁，他们都成为民众背负着的沉重负担。

当国家的航船被一场力量巨大的风暴摇晃、撕裂时，两个重要阶级的并存，有时会导致沉船。

查理七世统治时期的法国，意想不到地稳固、有能力。他创建了常备军，还解散了所有未经国王允许的军事组织，用一次大规模的打击完全破坏了封建制度。查理七世只留给儿子路易十一一点扫尾的工作，以完成这一任务。对法国而言，中世纪精神成了过眼云烟。

但查理因其儿子不近人情的行为而感到痛苦，他对失去王位的假想成为一种难以掩饰的焦虑，这使他感到忧惧。据说，他的灵魂深陷在王太子可能犯下弑父罪行的恐惧中，并因此绝食，导致自己的寿命缩短了。

这个心碎的、孤寂的老人死于1461年，路易十一成了法国国王。

路易十一

查理七世的这个儿子，混合了他父亲身上最贤明与最糟糕的特性。就算我们能够在罗马皇帝中，找到一位与这个执掌王权的怪兽相差无几的人，我们也找不到哪位掌权者值得一个国家像法国这样必须付出感激之情。他无情的手在新与旧之间划下一道巨大的鸿沟，在这里，他埋葬了曾经给予他生活滋养的人们与制度。

父子之间的对立，唤醒了对政策逆转与恢复封建制度的热切希望，但这些希望很快就醒悟了。这个怪异的人制定的政策是如此地难测与扭曲，方向的转换是那么地出人意料；他的言辞与行为带有极强的欺骗性且自相矛盾；他达到目的的方法也是如此地残酷。这个恐惧与困惑的国家很快就匍匐在他的脚下，不知道自己将被带向何方。

他的统治下没有战争，入侵被外交手段所化解，杀戮与流血都由他的刽子手来完成。这似乎令人难以置信，据说国王从他的窗子向外看，能够看到吊着敌人尸体的绞刑架，组成了一条林荫大道。他清除碍事的贵族们的做法是，先向某个没有疑心的受害者发出一个通知，写道："我公正的兄弟，来给我送上你的建议吧，我们需要你如此睿智的头脑。"然后第二天早晨，这个公正的兄弟的睿智脑袋就盛放在装满锯末的篮子[1]里了。

当这一切都完成时，市议会要比"金羊毛勋章"[2]更加意义非凡。与贵族遭到羞辱的同时，地位提高的中等阶级开始标榜权利平等的理念。当蒙莫朗西[3]们不足以填满国王的接待室时，不名一文的投机商人就会被获准参与机密事务的讨论。

事实上，这种权利的平等正是这个国王所有可憎罪行的目的，也是他冷血统治的核心意图。如果高贵的专属权是获得通往刑架的通行证，那么，在市议会里尽职尽责的服务就成为社会地位晋升的一扇大门。

因此，从结果上看，路易十一作为一个好国王，要远胜于他作为一个好人。他深深地埋葬了过去的理想，紧接着用他无情的双脚将其狠狠地踩踏，使其永远定格在历史的尘埃之中。在他的王国里，中世纪的政治结构被摧毁。

---

[1] 法国断头台下会放置一个篮子，以承接斩落的头颅。不过，我们通常见到的法国断头台是 1792 年吉约坦借鉴 14 世纪爱尔兰斩首刑架设计的，后经法国国王路易十六改进定型。在此之前，法国处决犯人的普遍方法是车裂或绞刑，或用大锤砸碎人的脑袋。——译者注

[2] 又称金羊毛骑士团，1430 年，勃艮第公爵腓力三世仿照英格兰嘉德骑士团创立的骑士勋位。——译者注

[3] 蒙莫朗西公爵，法国贵族称号，主要指蒙莫朗西家族的前四代公爵。——译者注

入侵意大利

路易十一之后，所有的统治似乎都黯然失色了。不过，他的儿子查理八世，做了一件令人印象深刻的事——入侵意大利，这给法国带来了灾难性的后果。

13世纪时，圣路易的兄弟、安茹公爵查理，这个西西里岛的名门望族曾在教皇的邀请下，得到了那不勒斯的王位。

现在，在安茹家族几近绝嗣的情况下，查理八世成为那不勒斯王位的合法继承人。他坐拥着由父亲创建与装备起来的新的军队，整天无所事事，但他是个野心勃勃的人，所以决定用强硬的手段将意大利的遗产收入囊中。

这一夺取王权的进军之路相当地耀眼夺目。米兰、佛罗伦萨、罗马相继被攻占，最终查理真的坐上了那不勒斯的王座（1495年）。

不过，王座坐起来并不舒服，那不勒斯人不想接纳他。而且，更重要的是，西班牙、英格兰与奥地利商议着联合起来将他赶走。于是，他和他的军队撤回了法国，所有在那次进军中占据的领土，成为法国与意大利之间完全敞开的一扇大门，而在那时，这扇大门还是紧闭着可能会更好一些。同时，欧洲发现，对于任何一个野心勃勃的欧洲强权而言，意大利半岛都是一个容易捕获的猎物。查理八世所做的，英格兰、西班牙或奥地利同样能做到，甚至做得更好。所有这些，都为下一个世纪的到来种下了苦果。

这个苦果对法国而言，尤其致命。意大利的王室与贵族血统开始与法国的血统相混杂，在那个关键时期，这带来了一种腐化堕落的压力。

尽管法国已经有若干世纪的古老历史，但在文明程度上却只不过是个孩童，一个粗野的、尚未开化的孩童，刚刚从野蛮状态中走出来，突然被带到一个迷人的、高度发达的、久经邪恶与不道德影响的文明之下。这个国家的统治阶级最近才刚刚学会阅读与书写，很自然地就会被这个临近国家弄得眼花缭乱，受到那些世代沉淀的学问与文化、才智卓绝的艺术与技艺的渗透。法国追逐着人类文明的经验，沉醉在每一个有名的喷泉之下，从而了解了马基雅维利概括的生活最佳状态的真谛。

对美第奇家族而言，制定一些控制这些单纯的野蛮人的政策是非常容易的，就像他们世代以来所做的那样。

文艺复兴

意大利为封闭的15世纪展现出不一样的景观。随着拜占庭帝国的陷落，在文艺复兴扩散之前，所有浓缩的精华像一片夺目的云彩一样笼罩着意大利：佛罗伦萨的洛伦佐·德·美第奇，引领着欧洲文艺的潮流；安吉洛与拉斐尔创造着世界上最非凡的艺术；伟大的儿子热那亚，发现了另外一个半球；萨沃纳罗拉像一个古代的敏锐先知一样，向人们疾呼，"忏悔吧，忏悔吧，趁我们还有时间"；马基雅维利像对待某种精细的工艺一样，指导世界的构建；还有亚历山大六世，这个欧洲最原始、卑鄙的人，一个投毒者、万恶之父，正在宣称自己是基督在世俗的代理人！

这个时期，艺术的伟大赞助人、梵蒂冈博物馆的创建者，教皇尤里乌斯二世登上历史舞台；辉煌艺术的代表作——雕像《望楼上的阿波罗》《拉奥孔和他的儿子们》被发现；圣彼得大教堂被设计并建造出来；然后是教皇利奥十世（美第奇家族的教皇）与马丁·路德的登场。

1492年，发生了三起重大事件：新世界的发现，西班牙成功驱逐了摩尔人，以及洛伦佐·德·美第奇去世。西班牙结束了持续七百年的圣战，从目标的单一性和战争的持久性来看，我们再找不到任何一场战争能与这场战争相提并论。这场战争开始于查理大帝创建神圣罗马帝国的一百年以前，结束于在宗教改革中发挥了主要作用的国王与王后之手。

路易十二

舞台已经搭好，参与演出的历史人物也已准备就绪。他们将在接下来的一个世纪里上演一部伟大的现代剧。

查理八世的统治终结于1498年，他没有子嗣，继承权再一次传到旁支手里——奥尔良家族的路易十二戴上了法国王冠。有意思的是，查理八世和路易十二分别是法国历史上两位野心勃勃的公爵的孙子。在几十年的时间里，这两位公爵因为私人争斗而使法国陷入崩溃的边缘。路易十二，是国王查理六世的弟弟——奥尔良公爵的后代，奥尔良公爵是在巴黎幽暗的街道上被人暗杀的；而查理八世，正是谋杀奥尔良公爵的真凶、那个当时法国的邪恶天才——勃艮第公爵的后代。

新国王统治期间的主要大事是重启了意大利战争。他联合西班牙与威尼斯，顺利展开了一系列行动。不过后来的事实证明，这只是路易十二微薄的胜利，当一切完成时，他发现自己仅获得了那个狡猾的外交高手斐迪南很微弱的支持——斐迪南一心想要守住西班牙的全部战利品。在这对盟友之间，瓜分战利品的争执与不满逐渐滋长，在这场卑劣的冲突中，那个勇猛异常的巴亚尔骑士[①]牺牲了。

弗朗索瓦一世

1515年，路易十二去世了，也没有留下子嗣。因此，王位传给了卡佩王朝的另一个旁系——昂古莱姆伯爵，路易十二的表亲弗朗索瓦一世。

君士坦丁堡在东方陷落，一个新的世界被西方发现，这两件事改变了欧洲的整体样貌。印刷术，几乎与这些意味着时代转换的大事件一同到来，然后将这些充满活力的浪潮传播到社会底层。法国抛开了诸多世纪的沉闷，传递着普遍的觉醒，新

---

① 巴亚尔（1473—1524），法国当时一位闻名欧洲的带有传奇色彩的勇武骑士、军事将领。——译者注

的野心产生了，它沉睡的禀赋开始晃动。对一个年轻的雄心万丈的国王而言，这是一个恰到好处的时刻，他不仅追求做一个最伟大的军事上的英雄，也想成为艺术与文化的杰出守护人，一个最睿智的人！事实上，他为自己设定的角色分明是查理大帝与洛伦佐·德·美第奇的合体。所有那些都是在这片广大土地上取得成功所必需的能力，推崇个人英雄主义的弗朗索瓦势必为此痴迷。他的统治在马里尼亚诺战役之后走向辉煌，他成为米兰与北意大利的主人。他需要不受干扰地行事，就像前任国王对付那些不屈服的、口是心非的贵族们那样，将他们控制在手中——自路易十一以来，已经听不到那些贵族的声音了。现在，三级会议已经不能通过主张权利与要求改革来打搅国王，他们变得像空气一样不复存在。新制度已经很好地建立起来了，除非出现极端的突发事件才会将它们再次带回到原有的状态。所以，王权展现出唯一的、无可辩驳的权威，弗朗索瓦所寻求的，是找到那些能够帮助他将王权变得更加强大的办法。

在教会大分裂时期，教皇们都住在阿维尼翁，这促使查理七世颁布了国事诏书，旨在限制法国的教权。诏书截断了教皇收入构成中某些获利颇丰的来源，以抵消国王被剥夺的收入——国王被剥夺了任命空缺主教和修道院官员的权力。

弗朗索瓦一世与利奥十世差不多同时上台，他们两个商议后，决定废止国事诏书。利奥十世这样做是因为他必须增加他的收入；弗朗索瓦一世这样做，是因为他急切地想践行将主教空缺职位作为奖赏分给他的朋友们的承诺。我们都知道，利奥的品位是非常华丽的，他需要比他能够掌控的收入还要多得多的钱财。这一事实导致了重大的结果，并且改变了这个世界上很多重要事件的发展历程。

争夺德意志帝国皇帝之位

1516年，西班牙国王费尔南多二世去世了，他将自己庞大的遗产留给了外孙查理，一个还不到二十岁的年轻人。查理的母亲是费尔南多二世与伊莎贝拉所生的疯女儿乔安娜，她嫁给了德意志皇帝——马克西米利安一世的儿子与继承人。

因为父亲的去世，年轻的查理已经继承了荷兰与佛兰德斯；外祖父的去世，又让他继承了西班牙、那不勒斯王国、墨西哥与秘鲁。可以说，这个稚嫩的肩膀所承担的负担太过沉重了。不过，它还会变得更加沉重。1519年，他的另一个祖父马克西米利安一世去世了，留下帝国的帝位空置在那里。

根据查理大帝留下的古老习惯，这个帝位的所有权是选任的，并且在理论上，帝位面向欧洲所有的诸侯开放，有七个诸侯被称为选帝侯，在确定帝位的世袭继承权时，他们的选择至关重要。欧洲沮丧地看到，一个比查理曼帝国更大的帝国即将建立起来。这个帝国将囊括欧洲与美洲版图的一大部分。对于这个帝国的崛起，没有谁比法国更感到惊恐，无论从哪个方向看，它都会陷入这个庞然大物的包围之中。如果是一个迟钝的、死气沉沉的法国国王，那么他可能的确意识不到将要面临的危险，不过弗朗索瓦不是。在他与欧洲最高权力中间，只有一个十九岁的年轻人站在那里，这不仅是一个将法国从这个遮天蔽日的强权下拯救出来的机会，也是一个按照查理大帝最初的设计，整合法国与这一帝国王权的契机。对弗朗索瓦一世而言，再没有比这更令他感到兴奋的挑战了。他提出自己对这个空置的帝位拥有继承权（根据帝位向欧洲所有诸侯开放的规定）。他主张自己拥有邻近的北意大利领土的所有权，这会使他自然而然地成为帝国帝位的继承者。

接着，另一个野心勃勃的年轻国王出现了，成为另一个对帝位主张所有权的竞争者，即英格兰的亨利八世。他狡猾的大臣伍尔西正在为自己的主人努力争取外交胜利。这是一场精妙绝伦的棋局，伟大的棋手在巨额赌注面前执子相搏：弗朗索瓦慷慨地挥霍金钱，大行贿赂，在绚丽、夸张的展览面前眼花缭乱；亨利则傲慢、招摇、自大；查理却是沉默、难测、冷血与狡诈。查理悄悄地对伍尔西说，他可能会在选举中推选他做下一任教皇，当时这个沉静、明智的年轻人掌握着对红衣主教的强大影响力，他看出与伍尔西最般配的位置就是圣彼得的椅子！

这个十九岁男孩的外交手腕得到了回报，选帝侯们将皇冠交给了查理五世。利奥十世此后不久便去世了，伍尔西度日如年地等待着罗马的召唤，不过，这个召唤一直都没有出现。

接着，弗朗索瓦一世决定用武力去赢得那些在外交上失去的东西。查理五世在寻求将法国势力从意大利驱逐出去时，成功地得到了教皇的支持。于是，弗朗索瓦一世的尝试很快便以法国战败以及自己的被俘而告终。他在马德里被关押了一年，直到放弃对意大利的所有主张，才被释放。1547年，就在英格兰亨利八世死后不久，几乎是紧挨着，弗朗索瓦一世也去世了。伴随着他的离世，那些华而不实的统治也由此终结。

当这些事件发生时，一个不太显眼却意义重大、影响深远的冲突出现了。1517年，一个籍籍无名的修道士马丁·路德猛烈地挑战了罗马教会，他指控利奥十世犯下腐化堕落的罪行，尤其指责教会通过兜售赎罪券大肆敛财。新教动摇了德国的中心地位，查理五世的统治也消耗在与宗教改革的冲突中。宗教改革最终将帝国撕成了碎片。

这一新的异端思想在法国找到了合适的土壤，英国坦率地、公然地标榜新教，而西班牙与意大利则仍然保持着天主教的传统不变。

对弗朗索瓦一世而言，他注定要将自己的一生耗费在与比他更有能力、更狡猾机敏的查理五世的对抗之中。对他而言，使欧洲陷入分裂的宗教问题，除了能够在他与帝国皇帝的斗争中派上用场，再没有其他意义。根据实际情况，他或成为亨利八世的盟友，或自愿作为查理五世的工具：如果他需要英国国王的友谊，他就保护新教徒；而当他想安抚查理五世时，就对新教徒实施炙烤与鞭打。

1547年，弗朗索瓦一世与亨利八世走向了他们各自的归宿。若干年后，查理五世放下他的皇冠，带着他那疲惫的、尚未得到满足的心灵走向圣尤斯特修道院。这场精彩的表演结束了，不过新教的教义却正在扩展之中。

第十一章

宗教改革

　　亨利八世的改宗，是因为教皇拒绝废除他与查理五世的姨母凯瑟琳的婚姻关系。虽然亨利改宗并不是最值得骄傲的事，但这确实是新教的重大胜利。如果凯瑟琳更清美一些，或者安妮·博林没那么有吸引力，历史的轨迹可能就会改变：亨利八世可能会成为一个异教徒的迫害者，他会发现与其残忍天性相契合的消遣方式，新教的胜利也会延迟很长一段时间。与英国不同，法国宗教改革的成功并不存在这类因素。可能是因为阿伯拉德，或者图卢兹与普罗旺斯的异教徒留下的异端思想重新萌芽，迅速温暖了人们的生活；也可能是因为法国唯一的朋友与支持者——教会，遗弃了这个国家，以至于法国对人民大众发起的这场"改革"是如此的欢迎。不管怎样解释，一场宗教战争即将到来，它对法国清白声誉的玷污，将远甚于内战中所有的背叛。

　　这一争论的议题比我们任何人知道的都要深刻。不管是路德还是利奥十世，都没能理解他们所深陷的这场革命；新教徒与罗马天主教徒也都没能领会这场斗争的真实本质。它不是为了争夺天主教徒或新教徒至高无上的权威，也不是为了弄清谁是教条谁是真理，以及谁会胜出；而是为了声明每一个人类灵魂都有权利选择自己的信仰与礼拜的形式。因此，为人类自由而进行的伟大抗争开始了，信仰自由的斗争只是接下来的伟大斗争的序曲。在后来的历史中，有丰富的佐证可以证明新教徒的残忍与偏狭，一点也不比他们的迫害者罗马天主教徒少，他们只是需要机会与权力而已。塞尔维特[1]是那个时代的伟大人物，一个学者、哲学家，有着无可挑剔的品质，却因为关于三位一体的性质的异端思想被烧死在日内瓦。加尔文，这个新教神学体系的伟大构建者，即便没有下达施行这一丑恶罪行的命令，至少也点头批准了它的委员会所做的判决。

　　法国因很多悲剧而知名，当弗朗索瓦一世根据他的意大利政策，将凯瑟琳·德·美第奇的手交给他的儿子亨利二世时，他就已经为法国历史中最大的悲剧铺就了道路。亨利活着时，她没有能力赢得影响力甚至自信心。那时，凯瑟琳还未引起人们注意。不过事实证明，她不应该被忽视，她机敏的才智一直都在研究王国内的任何风吹草动。

　　在这段统治时期内，有两个家族因为在不久的将来发挥了主导作用，而变得声名鹊起：以吉斯公爵弗朗索瓦为代表的出自洛林家族的吉斯家族，以及以海军上将科利尼为首的沙蒂永家族。这两个家族都是凯瑟琳所憎恶的，她在心中暗暗筹划，等待时机将它们摧毁。

---

[1] 塞尔维特（1511—1553），文艺复兴时期西班牙医生、自然科学家、神学家，他发现了血液肺循环。1553 年，出版《基督教的复兴》一书，用一元论观点否认三位一体，被视为异端邪说。同年，在日内瓦被加尔文派烧死在火刑柱上，享年四十二岁。——译者注

吉斯家族

玛丽·德·吉斯是苏格兰詹姆斯五世的妻子，凭借着吉斯家族的强大影响力，敲定了女儿——她最祥和的小公主玛丽·斯图亚特与弗朗索瓦二世的婚姻。

出于为这个崇高使命做准备的考虑，这个年仅五岁的小女孩被带到了法国宫廷，在已经成为太后的凯瑟琳的直接影响下接受训练。毫无疑问，即便在当时也没有人怀疑，凯瑟琳是欧洲最坏的女人！可怜的小玛丽·斯图亚特，命里注定要承受罪过与惨祸！对一个血管里流淌着吉斯家族的血液、将凯瑟琳·德·美第奇作为她的榜样与老师的女人，我们还能期待些什么呢？

1559年，亨利二世死于一场比武竞技的意外，两个孩子的婚礼举行了。那个体弱多病、智力有限的男孩就是法国国王弗朗索瓦二世，他美丽的王后玛丽，牢牢地控制着他，而王后自己反过来又被吉斯家族的舅舅们控制着。事实上，吉斯家族统治着法国，是国内天主教团体的首领。因此，一个怪异的结果就是，如果凯瑟琳想寻找盟友，以对抗这一野心膨胀的家族，她就必须找到与海军上将科利尼所领导的新教徒之间的共同利益所在，而她对科利尼的憎恶，也只是比对玛丽·斯图亚特的那些舅舅们的憎恶，少那么一点点而已。

派系对立

波旁家族是王室家族的一支远房支系，是除弗朗索瓦外，与王座关系最近的家族。他们对吉斯家族日益增长的权力非常地忌妒与不满。现在，他们看到吉斯家族成了年轻国王的顾问，实际上是篡夺了按照血统划分本该属于他们的位置。

宫廷中，两个家族的争执在这一基础上日渐滋长，并发展出波旁派与吉斯派。其中，一派认同新教徒，另一派则与罗马天主教的宗旨相一致。

以安东尼·德·波旁为首的波旁家族，不管是出于认为吉斯家族是错误的，还是出于与其对抗的意识，他们公开支持新教一边。城镇富有市民与较小贵族的联合，组成了法国的新教派系。尽管这一伟大运动的驱动因素是宗教，但政治上的错误也产生了重大影响。不管是什么原因，不满与愤恨在他们心中不断堆积，逐渐产生了更深的不满与更神圣的目的。

革命爆发

不管波旁亲王改宗是基于信仰的本质或是什么，运动确实迅速扩展了，法国也分裂成两个敌对的阵营：一个聚集在纳瓦拉的亨利之父安东尼·德·波旁举起的新教旗帜之下；另一个则站在吉斯公爵弗朗索瓦的天主教旗帜之下。两个孩子坐在法国的王座上，随着一场革命风暴的到来，法国大地在他们脚下战栗不已。

当年，弗朗索瓦一世过多地倾向于按照他自己的计划，认真、有条理地应对流行的异端思想，他的儿子亨利二世也对处理宗教反抗思潮持拖延态度，可能是还没有意识到它所蕴含的巨大力量与致命因素。如今，吉斯家族牢牢地掌握着政权，已经没有更多周旋的空间了。

危机就在眼前，它将改变整个形势。人们发现一个试图擒获国王，进而将某个波旁家族的亲王推上王位的阴谋，这导致了一场大屠杀。新招募的后备刽子手们站在巴黎城中，准备好在老刽子手筋疲力尽时相互接替。塞纳河也因那些溺亡的尸首而变成一条黑色的河流。

凯瑟琳·德·美第奇摄政

在风暴尚未完全爆发时，虚弱的年轻国王弗朗索瓦二世突然去世了。玛丽·斯图亚特淡出了法国历史，吉斯家族的权力走向了终结，命运站在了凯瑟琳一边。

从这一事件可以看出，她会搬开任何阻挡她的障碍物。我们能够看到背后暗藏着的精妙操纵！不管有多大可能，在儿子去世这件事上，凯瑟琳并没有遗憾。因为，在她年仅十岁（1560年）的次子查理成年之前的这段时期，她能够以太后的身份摄政。

已经没有时间可以浪费了，在虚弱的查理九世成年之前，她必须绝对地控制住他，任何倾向于怜悯的冲动都必须予以杜绝。

对于一个母亲孜孜以求地毁灭她儿子心中所有的真诚与美德，我们应该如何评价呢？为了削弱他过于敏感的良心，她让查理九世沉湎于消磨心智的恶习中，使查理九世甘愿成为她实现自己目标的工具。凯瑟琳继承了美第奇家族的卓绝才智和治国才能。在幼年时期，她就得到了马基雅维利式的教育滋养，天生的冷酷与残忍。在法国的历史篇章中，这个佛罗伦萨女人浓墨重彩地写下了自己的名字。

摄政太后的谋划

需要实现的主要目标有两个：吉斯家族的毁灭与现在称为胡格诺派的新教势力的铲除。虽然很难达到，但二者都必须予以完成。

年迈的科利尼，是位杰出的海军上将与胡格诺派教徒，也是一位民族英雄，必须除掉。还有纳瓦拉的亨利，崇拜胡格诺派的年轻领袖，自然也在需要清除的人员名单上，并且占据着显要位置，不过在动手之前，他可能还会被派上其他用场。

胡格诺派从未得到过如此温柔的对待，歧视取消了，特权被授予，那位美丽的"母后"也从没有如此微笑、和蔼、幽默地对待他们。据说，在晚宴与化装舞会的间隙，她给她的伯父写了一封信，信中她问道：那些不相信圣餐变体论的人，是不是一个不够好的基督徒？那些不接受使徒传统的人，还是不是一个有用的人？

亨利的婚礼

然后，这个出色的女人宣称，她很钦佩胡格诺派教徒的聪明才智。至此，她仍被认为不是一个热衷于宗教狂热的人。接着，勇敢、慷慨、有修养的新教领袖纳瓦拉的亨利，被急切地邀请前往宫廷，因为凯瑟琳的女儿瓦卢瓦的玛格丽特将作为治愈两种信仰之间敌对状态的折中手段。

于是，1572年8月18日，冷酷但却辉煌灿烂的巴黎圣母院目睹了玛格丽特与亨利的婚礼。在那里，法国所有的胡格诺派首领与天主教人士都出席了。

新教徒以为这次大联合的聚会将使两大派系的关系得以和解，他们喜极而泣，并且都留下来准备参加接下来的庆典活动。

查理九世

盛会结束后，凯瑟琳在她卢浮宫的房间里秘密召开了一次会议，她的儿子亨利·亚历山大也参加了这次会议，不过亨利·亚历山大的哥哥——国王却被排除在外。有些人希望能在即将到来的屠杀中除掉吉斯家族，有些人认为如何对待纳瓦拉的亨利还有待商榷，不过所有人都同意必须除掉科利尼。因为这个有着非凡魅力的人能够对年轻的国王施加影响，由此可能威胁到整个阴谋的成功实施，这是一个非常紧迫的、带有不确定性的风险。

现在的国王查理九世，敏感、易受影响，也很顽固、倔强，逻辑混乱、冲动易怒以及行事不够可靠。他有时倒向吉斯家族，有时又倒向科利尼与胡格诺派，并且总是在最后一刻才做决定。在无谓的抗争之后，他专横的母亲试图使他脱离二者的影响。这时，我们可以看到他性格中软弱的一面。他并不是天生的坏种，当他被迫屈服时（就像他通常最终会做的那样），那些施加于他的残忍力量将他撕裂到发狂。而这时，那个可怕的女人，会给他提供一种徒劳无益地向命运大发雷霆的恰当方式，允许他放纵自我。

大屠杀前的阴谋

当凯瑟琳惧怕科利尼的影响力甚于惧怕吉斯家族时，就是摊牌的时候了。科利尼勇敢、爱国、有号召力，在向西班牙宣战的问题上，他已经成功地得到了查理九世的首肯。西班牙的腓力二世是凯瑟琳的女婿，也是一个紧密的盟友，她的全盘政策因此遭到了威胁。在所有的危险与障碍中，科利尼必须被除掉。纳瓦拉的年轻国王，新教徒崇拜的领袖，是一个永远存在的威胁，也必须以某种方式处置掉。

与西班牙的腓力二世以及他的大臣举行会谈是十分凶险的，阿尔瓦公爵就是残忍与严刑逼供的化身。

出于对法国名誉的考虑，可能有人会说，圣巴托洛缪大屠杀并不是法国人开的头，而是在这个意大利女人或她的西班牙顾问与共谋者阿尔瓦公爵的脑袋里构思策划的。我们可能永远也无法确知这一恐怖行为的历史内幕，关于到底是怎样以及何时计划这一事件的，免不了要做一点推测。

圣巴托洛缪之夜

凯瑟琳利用查理九世恐惧、多疑的性格，编造谎言来激怒他，她告诉查理九世，那些人正在通过阴谋诡计谋害他的生命，图谋他的王国。当查理九世的愤怒达到顶点时，行动的机会恰好就在眼前——查理的妹妹玛格丽特与年轻的新教领袖纳瓦拉的亨利即将举行婚礼。实际上，他们所宣布的在未来保护胡格诺派的承诺，也是这个阴谋的组成部分。这场婚礼把与此相关的所有首脑都引诱至巴黎，科利尼、孔代等都被急切地邀请来参加这个将开辟一个和平时代的宴会。

凯瑟琳下令刺杀科利尼海军上将，只是对胡格诺派防御状况的测试，巴黎的守卫力量额外增加了一个军团，以防备任何意想不到的暴力活动。

婚礼之后两天，欢乐的气氛达到了顶点。刺杀这位年迈海军上将的行动唤醒了猜疑与警觉，不过，凯瑟琳和她的儿子立即以私人身份看望这位受伤的老人，表达他们在这次事件中的悲痛与恐惧。他们要求列出一个居住在巴黎的每个新教徒的姓名与住址的详细名单，用他们的话说，是为了将这些人置于他们自己的直接保护之下。

"我亲爱的前辈"，国王说，"伤在你身，痛在我心。"

可此时，刀斧已然磨得飞快，每个人都在这出丑恶闹剧中领到了自己的任务，并且行动开始的信号也已经确定。查理并不知道此事，但他的母亲知道。她那晚来到查理房中，狡诈地、巧舌如簧地描绘他所处的危险境地，并向查理坦白是她下令刺杀科利尼的，因为她发现了这位海军上将针对国王的阴谋。不过她说，如果这些事被她和国王的共同敌人——吉斯家族知道，他们会公开谴责她和国王。因此，现在唯一需要做的是完成这件事，科利尼必须死。

查理非常激动，并且固执地拒绝这一提议。最后，她带着恼怒的高贵模样，向她的儿子冷冷地弯腰鞠躬，说："阁下，您能允许我和我的女儿离开您的王国吗？"可怜的查理屈服了，带着一点病态的狂怒，他喊叫道："好吧，让他们杀了科利尼吧，也杀掉那些胡格诺派，保证不留下活口，免得他们斥责我。"

大屠杀开始

这让她大喜过望，远胜过自己原有的预期。现在一切都简单了，她是如此饥渴地将这个命令传达下去，以至于几乎是飞着去告知行动信号的，这比原先预期的早了整整两个小时。午夜时分，警报声响起，可怕的大屠杀开始了。

所有的丈夫、妻子、儿子、女儿们，在一个人为营造的虚假的安全祥和、风平浪静的氛围中安宁地睡着。当他们惊醒时，眼睁睁地看到彼此被残忍地屠杀。

天上的星辰目睹了巴黎发生的这些可怕场景，它们并不熟悉人血的味道，因为巴黎从没有发生过类似的事情，战场上的杀戮都比圣巴托洛缪之夜更为仁慈。尖叫的妇女、儿童，半裸着逃避正滴着人类鲜血的屠刀。狂乱的母亲保护着自己孩子的尸体，妻子们恳求饶过她们的丈夫，活着的人躲在死去的尸体下面。

哭喊声从巴黎直冲云霄，那一晚是世界历史上最恐怖、最绝望的夜晚，几个世纪的残忍暴行汇聚到了几个小时之内。

遇害人数永远都无法精确地统计了，但数千人遇难是肯定的。血腥的气味让人感到兴奋，当要求停止这些行为的命令下达时，他们报以放肆的嘲笑，一场狂欢开始了。暴行持续了七天，后来，由于缺乏杀戮的对象而终结。这股风潮蔓延到各个省份，屠杀的命令得到遵行，只有两个省份除外。巴约讷的长官写信给国王："陛下在巴约讷有许多忠诚的追随者，不过，没有一个刽子手。"

可是，当这桩暴行上演时，"他的陛下"在哪儿呢？这件事与凯瑟琳又有什么关联呢？我们没有听到他们的忏悔与疑虑。凯瑟琳一如既往地平静、镇定、柔和、深不可测；查理正从宫殿的窗户向那些奔逃的胡格诺派教徒开火，并引以为乐。如果他能因懊悔而自杀，也许会好一点，那样他就不用在怪病的煎熬下苟活，饱受精神折磨。

欧洲震惊了，基督教世界在荣誉面前蒙羞。不过，马德里与罗马的那些人却感到满意了。

凯瑟琳与阿尔瓦公爵干净利落、技巧娴熟地完成了他们的工作，但结果却令他们感到惊讶与沮丧。成千上万的胡格诺派教徒被杀了，不过却有比这个数字多出很多倍的胡格诺派教徒还活着，而且精神百倍、斗志昂扬。

他们还是太仁慈了！为什么要留下纳瓦拉的亨利？阿尔瓦不是说过吗，"抓住大鱼，放掉那些小虾米，一条鲑鱼抵得上一千只青蛙"。

在大屠杀之后的第二天，当查理向纳瓦拉的亨利趾高气昂地说出那些话时，他对这件事情就已经思虑周全了。他说："我的意思是，将来在我的王国里，只有一种信仰，要么信，要么死。"

1572年8月24日，那个致命的夜晚之前所发生的事情，可能永远都不为人所知。警报是在欧塞瓦的圣日耳曼教堂附近响起的，这里刚刚树立起伟大的科利尼的雕像，上面记载着上述日期。

亨利三世

悲惨的查理九世并不能自如地胜任他所饰演的角色，他被记忆所折磨，在懊悔中不断憔悴，他感到自己快要死了。他多疑的双眼望向他的母亲，他知道那是一个擅长下毒的人。他也知道，她什么事都做得出来。他的日渐消瘦是中毒了吗？压力之下，他的精神与肉体早已无法支撑了。1574年，在那个骇人的事件之后不到两年，查理九世去世了。

凯瑟琳的第三个儿子亨利·亚历山大戴上了法国王冠，即亨利三世，像他的前两个哥哥一样，他也是凯瑟琳顺从的工具。同时，他的统治也浪费在与新教徒和吉斯公爵之间接连不断的冲突之中。最终，出于厌倦与恼怒，这个半意大利血统的毫无廉耻之心的国王，很自然地想到了匕首。当年迈的吉斯公爵受邀走进国王的房间时，被躲在暗处的刺客杀死了。

不过，亨利三世没有料到这一举动所带来的反弹效果。为了保住自己的王冠与王国，他投入新教徒的怀抱，向他们寻求援助，由此引发了天主教徒的愤怒。一年后，亨利三世遭到暗杀，瓦卢瓦家族灭绝。

纳瓦拉国王亨利

根据《萨利克法典》，亨利·德·波旁成了法国国王，即亨利四世。波旁家族早在圣路易统治时期就已脱离了主干世系，但现在，所有的其他卡佩支系都已经消失，因此，由这个装饰着羽毛的骑士来继承王位是毋庸置疑的。就这样，一个胡格诺派新教徒成了法国国王。

第十二章

《南特敕令》

在一片陌生的海面游荡许久之后，人们看见了熟悉的灯光与海岬。随着波旁家族的上台，一条将法国导向现代社会的线索出现了。

一位新教国王在一片声浪中到来，这些声浪一部分来自胡格诺派教徒的狂喜，一部分来自天主教派的群情激动。前者期盼着纠正错误，为那些曾经的伤害复仇；后者则认定除非亨利四世放弃他的异端邪说，改宗到真正的信仰，否则他们就拒绝服从于他的统治。

新国王看到，等待他的并不是一项轻松愉快的工作，在历经四年的努力调解之后，他制定了自己的策略。他既不寻求用新教来统治法国，也不做胡格诺派教徒进行报复的工具。

他发现这个王国最需要的、至善的政策，不是将信仰与礼拜的形式强加给谁，而是赋予双方均等的机会与特权。

面对胡格诺派的惊慌失措，他宣布自己准备听取有利于罗马天主教信仰的一场辩论，并且只用了五个小时的思考时间，他就被说服相信其真实性。他宣布自己准备公开宣誓放弃过去的信仰。对于这个决定，一边是尖刻的指责，一边是欣喜的欢迎。但这不是英雄主义的举动，包括新教徒在内的很多人，都承认这是体现最高政治智慧的行为。

和平得以重建。随后，国王很快颁布了《南特敕令》，向他的老朋友们胡格诺派教徒证明，他们没有被遗忘。对新教徒的歧视取消了，他们在整个王国内的任何地方，都与天主教徒享有同等的特权，争取宗教自由的第一次胜利就这样顺利地实现了。

一个史无前例的繁荣时代就此到来，这个王国从来没有如此明智地、仁慈地被治理过。真诚、质朴与同情取代了虚伪、矫饰与残忍。令人振奋的行政机构到处开展工作，甚至扩展到了早已被这个国家遗忘的农民阶级那里。

1593年，国王宣布从新教信仰改宗为天主教信仰的仪式在圣丹尼教堂举行。这座教堂也见证了亨利四世与玛丽·德·美第奇的婚礼。亨利四世尽管很伟大，也没能超越人类的普遍弱点，他迷恋于玛丽的美貌，这促使他自愿投入这场意大利式的婚姻，而这场婚姻，是他伟大统治的唯一错误。

这个时候，还不能指望所有大臣都能达到亨利四世的认识水平。不过，苏利公爵可以帮助国王明智、有效地完成计划：使法国从毁灭性的三十年宗教战争的混乱中走出来，走向和平与繁荣，并为经济的持久增长建立基石。

被弗朗索瓦的继承者们损害的王室权威，必须首先得到修复，最终，包括三级会议在内的所有政治元素，都要稳固地确定下来。而代表第三等级的那个团体，自从法国完美地落入以"卓越表现"诠释什么是人民之友的国王手中之后，就再也没有被召集过！

在所有的措施中，《南特敕令》显得尤为突出，它也是亨利四世在法国编年史中立下的丰碑。当时，哈布斯堡家族在欧洲占据主导地位，因此，亨利四世的对外政策旨在抑制哈布斯堡家族的发展。最能证明这一点的，是亨利四世阐述了由五个大国组成欧洲仲裁法庭的思想，并让法庭维护一种权力的"均势"。"均势"一词在今天已经运用得很普遍了，不过那时还是第一次听到。当时，主要是禁止西班牙王位与帝国[1]皇位被同一家族成员占据，让西班牙王位与帝国皇位相分割。

这是亨利四世引以为豪的理论，他与苏利公爵反复讨论过这一设想，也与英格兰女王伊丽莎白进行了谈判。遗憾的是，亨利四世没能亲眼见到这一设想成为现实。不过时间证明这是一个英明的想法，即便到了现代，政治家们也没能设计出更明智的计划，而这位开明的国王在近三个世纪以前就已经在头脑中构想出来了。

亨利四世去世

弗朗索瓦·拉瓦莱克[2]的匕首使法国失去了多少东西，我们只能猜测了。当亨利四世遭到致命的袭击（1610年），奄奄一息中被抬进卢浮宫时，王国境内各处的天主教徒与新教徒都发出了悲恸的哭声。在二十一年的统治期间，这位睿智的统治者、刺杀行动的受害者，在使这个国家变得伟大与幸福方

---

① 指神圣罗马帝国。——译者注
② 亨利四世的刺杀者，一位狂热的天主教徒。——译者注

面，比其他任何人做得都多。亨利四世去世后，法国再次被残酷的命运摆布，它落入亨利四世的遗孀——玛丽·德·美第奇之手。在十岁的路易成年之前，玛丽·德·美第奇被指定为摄政者。

玛丽·德·美第奇摄政

这个女人的摄政，就是一个充斥着阴谋诡计与寻欢作乐的故事。如果说玛丽没有她那伟大的亲属凯瑟琳的能力，那么我们应该承认，她也没有比凯瑟琳更黑暗的恶习。她只是迷人而又粗俗，自愿成为那些比她聪明的狡猾民众的工具。埃莉奥诺拉·加利盖与她的丈夫孔奇尼的影响力很大，他们和玛丽一样都是意大利人，在那个迷信的年代，这种巧合被归为魔法的力量。玛丽成了记下这些寄生虫的愿望的一个小小书记员，孔奇尼成了侯爵，接着又做了大臣，他提名的人都得到高升，他抨击的人都遭到黜落，当这个投机家成为法国元帅，伯爵与公爵都必须向他鞠躬行礼时，公众的愤怒达到了顶点。由此引发的风潮如此激烈，以致玛丽宣布她自愿放弃摄政权，在随后召集的三级会议上，她引介了自己的儿子、十三岁的路易十三，宣布他已有能力执政。

三级会议再次被召集，要等到1789年路易十六时期，那时，它变成了国民大会。

不过，当人们发现这对遭人厌恶的夫妻的权势时，仍旧躲在年幼的少年国王背后，就像曾经躲在玛丽的身后一样时，风暴就再次从王国的各个角落聚集起来。此时的法国陷入与孔奇尼的斗争之中，这个人正大胆无畏地把王室的王子们与公爵们送进巴士底狱。

但是，一种反向的影响力已经围绕着路易编织起来了。在别人点拨之下，他认识到让两个粗俗的意大利人篡夺自己的权力，对他而言是一种侮辱。这样，他仰慕的朋友阿尔贝·德·吕伊纳，拿到了路易签署的文件，下令立即消灭孔奇尼和他的妻子。随后，孔奇尼被路易的手下带到卢浮宫的庭院，被监禁、审讯，埃莉奥诺拉被处死（以女巫的罪名），这时路易彻底消除了他母亲对他的影响。只是，他又立刻陷入了阿尔贝·德·吕伊纳的权势影响之下。这个人也是一个怀揣阴谋的寄生虫，他打算扮演与孔奇尼夫妇一样的角色。

在以女巫罪受审时，埃莉奥诺拉回答道："我所做的唯一魔法，就是将强大的智慧凌驾于浅薄的头脑之上。"阿尔贝·德·吕伊纳的脑袋没有像埃莉奥诺拉那样，被插在矛尖上游街，不过，他使用同样的魔法进行了实验。

黎塞留

自亨利四世死后，这一卑劣的时期一直持续了十二年。不过，1622年，红衣主教黎塞留在国王众多的顾问中找到了自己的位置。真正的能人被发现了，国王、贵族、所有等级与信仰的民众，都意识到在这块土地上出现了一位远见卓识、深不可测的智者。

这个人的政策基础埋得很深，他远离大众的视线，只存在于自己的深谋远虑之中。他像冰山一样冷酷地碾碎通往目标道路上的所有障碍，没有爱恨的纠葛，像命运一样不偏不倚。天主教徒、新教徒、贵族、议员，在他将国王推向法国至高无上地位（自查理大帝以来再没有过）的意志面前，一个接一个地被击败。

这位伟大的大臣，他的意志就像长柄大镰刀一样，割除所有的杂草。贵族的权力，是封建制度的最后一点残余，也是君主政体的永恒威胁，现在一个又一个的大贵族，遭到了羞辱，被削夺了特权。

第一个被动摇并投降的是胡格诺派，他们眼见自己的政治自由，一点一点地被撕碎。但就在天主教徒幸灾乐祸之时，黎塞留又让国王的妹妹亨利埃塔·玛丽亚跨越英吉利海峡，成为新教英格兰的王后——查理一世的妻子。随后，更为大胆的行为出现了，这位教会的高级教士、红衣主教，与古斯塔夫·阿道夫①结成了联盟，这个人可是在战争中对抗国王与教皇的新教领袖！

黎塞留的行为不受宗教、阶级的影响与控制，他所做的一切都是为了法国的利益。黎塞留的非凡才智，让一个平庸无奇的国王的统治，变得耀眼与煊赫。在满足自己巨大野心的同

---

① 古斯塔夫二世（1611—1632年在位），瑞典国王、军事统帅，被称为古斯塔夫大帝、北方雄狮。三十年战争中，他指挥瑞典军队击败神圣罗马帝国与天主教联盟。——译者注

时，黎塞留还夯实了法国君主政体的基石，即便是那些王室的王子们也无法撼动它。

这项事业是伟大的、耀眼的。在黎塞留所有的成就中，有一件事情是革命与时间都无法磨灭的："法国学院"[1]像他的丰碑一样，存留了下来。这是他召集学界朋友创建的一个国家机构，目的是建立一个最终仲裁场所。在那里，所有用法语演讲与写作的修辞术都能够相映生辉。这个国家很少有什么东西是持久的，但这个机构却持续了二百三十年之久没有发生改变。

不过，这个治国理政的能手，专制君主的创造者，却有一个未能实现的心愿。他愿意用他所有的荣誉来换取写出一部戏剧的能力，就像高乃依[2]所写的戏剧那样。他十分渴求文学上的荣誉，可是事与愿违，如果不是因为"法国学院"是他创建的，他是没有机会进入这所学院的。出于对荣誉的忌妒，黎塞留像憎恶他在法国的那些敌人一样憎恶高乃依。

暗弱的国王路易十三，至少在一件事上表现出他的英明。他允许这位在他统治期内最伟大的政治家，或许也是所有历史时期内最伟大的政治家，可以尽情地施展才华，全权治理他的王国。而且，不管太后施加多大的压力，也不管贵族们怎样阴谋构陷，他从未屈服过。在有生之年，他一直保证这位伟大的大臣能够履行其职责。实际上，路易与黎塞留之间存在私人的敌对关系，太后持续运用自己对儿子的影响力，推动黎塞留的垮台。在这种情况下，路易的所作所为尤其值得赞许。

---

① 现名为"法国科学院"。——编者注
② 17世纪上半叶，法国古典主义悲剧作家，被称作法国古典主义戏剧的奠基人。——译者注

玛丽被允许回到巴黎，可能是路易十三对她失去孔奇尼的安慰。路易十三为她修建了卢森堡宫，还特意仿照她魂牵梦萦的意大利风格，运用美第奇建筑样式，修建了意大利式花园与喷泉。在宏伟、壮丽的风景中，有一座小小的庭院，玛丽在这里编织着击败黎塞留的罗网。据说有一次，路易在母亲的怂恿下，真的拿起笔准备签署废黜这位大臣的命令，但就在此时，那个警觉的、无所不知的人突然出现了，他似乎知道发生了什么事。路易在这位首相强大的意志面前畏缩了，之后，他将那位恶毒而又满腹阴谋的母亲永远流放。后来我们听说，今天挂在卢浮宫里的那幅不朽画作的主人公玛丽，在其最落魄与贫穷的日子里，是那位画作的画家为她提供食宿的。

　　于是，当彼得大帝宣称黎塞留是政治家的典范时，就不足为奇了。他们的理想是一致的，黎塞留想让法国的所有事物都理所当然地匍匐在王权脚下；彼得大帝想把所有权力的来源都吸进自己的权杖。当克伦威尔在英格兰拆解王座，把国王押上断头台时，黎塞留面对所有的等级、所有的风潮与所有的武力，将法国王座打造得稳固如初，并且为年幼的路易十四准备了一份华贵的遗产。

　　太后、贵族、议员与新教徒必须学会服从。胡格诺派教徒在拉罗谢尔持续十五个月的围城战中，得到了他们的教训，对反叛的惩罚是取消了他们所有的军事与政治特权。不过，尽管不再有政治集会了，《南特敕令》仍旧得以严格执行，这个法令下面的权利与豁免是神圣不可侵犯的。路易十三亲眼看见他最亲密的朋友桑·马尔斯被送上绞刑架；他的弟弟奥尔良公爵加斯东像普通罪犯一样被丢进巴士底狱；他的母亲在流放中饥寒交迫。但他也看到自己没有任何统治的麻烦，被崇敬与奉承所包围，在法国，他高高在上、高于一切，因此他觉得很满足。

奥地利的权势依旧在增长，哈布斯堡家族的优势依然存在，正如我们所知道的，它是这一时期欧洲的梦魇。不过，宗教改革几乎将这个帝国撕成碎片，一个新教的普鲁士正试图从一个天主教的奥地利手中挣脱出来。黎塞留对天主教与新教都漠不关心，他的目标是削弱哈布斯堡家族。他在一场宗教改革运动中联合新教领袖古斯塔夫·阿道夫，就是为了实现这一目标。

路易十三与著名的西班牙公主、奥地利的安娜的婚姻，毫无疑问是这一政策组合中的一部分，也是将西班牙半岛纳入法国控制之下的一系列尝试的开端。

1642年12月4日，所有这些谋划均已达成，黎塞留躺在他当时以红衣主教宫闻名的豪华住宅里，平静地死去。这座宫殿是他留给国王的临终馈赠，因此改名为皇家宫殿。1643年，就在这位大臣去世后仅数月，路易十三也随之而去了。他的遗孀安娜王后带着年幼的儿子路易十四，从卢浮宫搬到了皇家宫殿。路易十四在成年后的一段时间里，仍将皇家宫殿作为自己的住所。

投石党运动

安娜被指定为她不到五岁的儿子的摄政者。让所有人都感到意外的是，她立即起用的辅政顾问，不是人们预想的法国人，而是一个意大利人，即红衣主教马扎然。于是，这个王国的命运被操纵在两个外国人的手中：一个西班牙的摄政太后与一个意大利大臣。

黎塞留与马扎然的策略方法截然相反，一个简单直接，另一个迂回婉转。马扎然运用真正的意大利方式，通过表面上的让步战胜敌人。而且，他所说的话语并不是他真正的本意，诡计与贿赂是他的手段与武器。

这一状况引起了不信任感，这是一个恢复失去的特权以及从黎塞留焊接的锁链中挣脱出来的时期，一场以投石党运动闻名的内战就是它的产物。

因为所有阶级都抱怨不断，所有人都参与到全面摧毁前一任大臣黎塞留的伟大事业的运动之中。不过，没有任何两个阶级的要求是相同的，这场不幸的战争，缺乏天才的指挥，也不成系统，最终悲惨地失败了。王室取得了胜利，黎塞留的政治结构丝毫没有被动摇，马扎然坚定地支持他那伟大前任的事业。杜伦尼①与孔代②是这场战争中的军事英雄，就如后来的对外战争一样，这场战争最终在法国占据阿尔萨斯（1648年），实现了大片领土的扩张后结束。

1661年，当马扎然红衣主教去世时，有人问年轻的国王，应该由哪位大臣取走他们留下的档案资料？他得到了一个意想不到的答案，国王说："我自己拿。"

---

① 又译蒂雷纳（1611—1675），著名军事家，法国历史上六位大元帅之一，被誉为路易十四时期法兰西最锋利的宝剑。——译者注
② 孔代亲王，法国波旁家族的重要分支。这里指17世纪欧洲最杰出的统帅之一、孔代家族最著名的代表人物，法国军事家、政治家，孔代亲王、昂吉安公爵，即"大孔代"路易二世·德·波旁（1621—1686）。——译者注

第十三章

路易十四

那个诡计多端的意大利人不在了，路易十四自己安稳地坐在黎塞留打造的如此尊贵与稳固的王座之上。

红衣主教马扎然曾这样评价年轻的路易："他足以成为四个国家的国王，同时，他也是一个诚实的人。"他的伟大之处在于他慷慨、包容的品格。他有足够的能力、勇气和尊严，也足够勤勉；但他只是一个有着不同寻常身高①的平常人，对权力与财富极度贪婪，喜欢挥霍无度的感觉。他虚荣心极强，还有很多丰富的情史。

没有哪个国王比他更恶劣地压迫法国，也没有哪个国王比他更让法国获得荣光。他使法国辉煌绚丽并令人感到畏惧，但他也使法国变得荒凉不堪，并在野心勃勃的战争中榨干了它的资源。他给法国戴上文学、艺术与一切天才表现的不朽桂冠，不过他也废除了《南特敕令》，把五十万最优秀的臣民赶出了他的王国。

路易十四未成年时，就与西班牙公主缔结了婚姻。这是马扎然一手策划的，也是这位大臣政策组合的一部分，作为一份

---

① 据说，路易十四身材矮小，身高约 154 厘米，传言是他发明了现代意义上的高跟鞋。——译者注

致命遗产留给了路易十四。

西班牙不承认《萨利克法典》，于是，王位就有可能会传给一位女继承人，并经过她传递到她的丈夫手中。这就是路易与西班牙公主联姻的意图所在，希望能有一些幸运的好事降临，让西班牙王国有并入波旁王朝的可能，并以此打乱王位继承序列，就像曾在哈布斯堡王朝发生的那样。这是对这一疾风暴雨般的统治施加控制的阴谋，最终，这种统治将被围困在挫败与灾难的阴云之中。

路易伟大的秘密，在于他本能地承认别人的伟大。他非常感激他的新任大臣科尔贝，他是一个属于人民的人，也是一个新教徒。正是他发现了富凯的贪污行径，这位华贵的财政大臣当时正在沃克斯修建一座连国王本人都负担不起的更大的宫殿。然后，他突然被人从自己豪华的住所里扫地出门，丢进了巴士底狱。据说，他在那里度过了自己的余生，但这也能让他有充裕的时间去反思自己在宴会及建筑陈设上的挥霍无度。

从巴黎郊区高地上的圣日耳曼宫望去，路易可以看到圣丹尼斯大教堂，那里是皇家墓地，总有一天他将到那里与祖先们团聚，这种景象使他感到沮丧，所以他对富凯设计的宫殿与花园如此着迷。因为路易十三曾在凡尔赛有一座猎舍，这位治国有方的国王以前经常到那里去，以躲避他诡计多端的母亲以及目光敏锐的大臣。因此，路易十四决定在凡尔赛那座猎舍的基础上建造一座皇家宫殿，即今天的凡尔赛宫。不久，艺术家们就开始着手工作了。为了满足路易十四的奢华品位以及对外战争所需要的资金，科尔贝的财政天赋被严重地压榨了。但即便是科尔贝也不可能凭空生出钱来，这一重担必定要由某个地方来承担，毫无疑问，最终的承担者必定是民众。

选择卢福瓦做战争大臣，与选择科尔贝做财政大臣一样令人感到愉悦。有沃邦[1]为他构建防御工事，有杜伦尼、卢森堡与伟大的孔代率领他的军队，路易十四取得一连串的胜利也就不足为奇了。

四次大战

路易十四统治期间的四次大战，与臆想连篇的查理八世在意大利所造成的戏剧性效果不同。四次大战中的每一次行动都有一个严肃而明确的目标，不管是正义的还是非正义的，明智的还是不明智的，他们都制订计划，要么是为了抵达某些边界，要么是确保占据一些对法国而言必不可少的战略要地。这四次大战分别是：

第一次，对西属尼德兰的战争，以1668年签订的《亚琛和约》[2]而告终。

第二次，对荷兰的入侵，以1678年签订的《奈梅亨条约》而告终。

第三次，与欧洲国家联盟[3]的战争，以1697年签订的《里斯维克和约》而告终。

---

① 路易十四时期的法国元帅，著名军事工程师。——译者注
② 又称《艾克斯·拉夏贝尔和约》。——译者注
③ 即奥格斯堡同盟，这次战争又被称为大同盟战争。——译者注

第四次，西班牙王位继承战争，以1713年签订的《乌得勒支条约》而告终。

第一场战争，是由遗产继承问题引起的。西班牙的腓力四世死后，其子卡洛斯二世继承西班牙王位。路易十四以其妻是现任西班牙国王之姊为借口，宣称拥有西班牙王位的继承权，并且向西班牙索要西属尼德兰作为腓力四世的遗产。这一要求被西班牙拒绝。因此法国向西班牙宣战。最终，路易十四征服了佛兰德斯，这使他索取西班牙王位的问题得到永远解决。不过，这场战争的胜利还带来了其他影响。它使二十九岁的路易成为欧洲最英勇的人物，每个人都向他弯腰鞠躬，他就像太阳一样位居中心，所有的事物都被他吸引住了。不只是贵族，就连天才也穿上他的制服，开始向他阿谀奉承。博须埃①，甚至是莫里哀，都渴望得到他的首肯，只要他眉头一皱，他们就陷入了绝望。

美丽的露易丝·拉·瓦利埃尔②曾拥有至高无上的地位，只是这个时间很短暂。国王对她的迷恋过去后，她只能在加尔默罗修女修道院度过沉闷的余生。在这里，她只能听到从那个多彩世界里传来的遥远回声，而她曾是那里令人艳羡的核心人物。

荷兰共和国引起路易的不满，他将其作为下一个进攻的对象。路易认为这个在他看来由渔民和小商人组成的微不足道的国家，会成为他的障碍。所以在1672年，一支浩大的军队入

① 又译波舒哀，神学家，出色的布道者，曾担任孔东主教、莫城主教、王太子师傅。——译者注
② 路易十四的情妇。——译者注

侵了这个平和的小国。当一个又一个城市无助地陷落时，路易傲慢地要求所有的坚固城池都要缴械投降，还要支付两千万法郎，并放弃他们的新教信仰，这就是和平的代价。

拿骚的威廉给出了意想不到的回答，他说，在现代历史上，还没有哪个国家，在反抗欧洲最伟大的君主时，比这个商业小国表现得更英勇。拿骚的威廉深知，每一场战役都意味着失败。他们要做的就是淹没自己肥沃的土地，使得战争无法继续进行下去。当他面对一边是大量生命、财产的毁灭，另一边是大量的政治奴役时，他并没有犹豫。堤坝悄悄地被掘开了，杜伦尼、卢森堡与沃邦都让路易十四无计可施。当这支强大的军队从这片汪洋泽国中撤退时，堤坝又悄悄地被封上了，时间与风车，使得他们的土地再度恢复了丰饶。

与此同时，威廉一直在寻求拉拢强大的盟友。当他在莱茵河的战役中鏖战时，有一半欧洲人站在了他这边，与他联合起来。不过，法国人取得了胜利。1678年签订的《奈梅亨条约》带来了和平，之后，路易的权势达到了顶峰。

人类的自负与自大有时会走到尽头。路易十四开始觉得法国是他个人的财产，而欧洲可能也是。他是一个伟大国王与一个小个子男人的合成体。他建造了凡尔赛宫，自恺撒时代以来，还没有哪座宫殿能与其媲美。他不仅支配着身边所有的人，当法国处在其卓越天赋的全盛时期时，他还使得所有杰出与伟大的人物向他阿谀谄媚。如果有可能的话，高乃依、拉辛①、莫里哀等人，肯定会向他致以近乎盲目崇拜的敬意。漂亮的瓦利埃尔被送走了，德·蒙特斯潘的时代开始了。

但是1685年，科尔贝去世后，路易的权势开始进入下滑阶段。他一直都在高压下燃烧着青春的火焰，也许此时燃料耗尽了，他变得很严肃。德·蒙特斯潘被送走了——凡尔赛宫的放荡生活结束了，这座宫廷变得很高雅，几近质朴。当然，随着道德感的觉醒，国王对胡格诺派的异端邪说也变得更为敏感了！

废除《南特敕令》

他犯下了人生中的一个致命错误——废除《南特敕令》。在曼特农夫人的要求下，他大笔一挥，就有两百万民众被剥夺了权利。在严厉的惩罚下，他们被禁止举行任何宗教仪式，财产也被没收。因此，这些人都试图逃离这个使他们遭受苦役的国家。

监狱中到处都是新教徒和被他们的鲜血染红的刑架，二十万人死在监狱里，死于苦役，死于刽子手的刀斧下；还有超过二十万的人，设法逃往美洲以及法国的敌国，那里将因他们的到来而变得富饶。

---

① 法国剧作家，与高乃依、莫里哀合称为17世纪法国最伟大的三位剧作家。——译者注

没有哪个法国人说出一句抗议的话，甚至费奈隆①或博须埃也没有说！曼特农夫人告诉他，这是"辉煌统治的光辉顶点"；塞维涅夫人说："太宏伟壮丽了"；而法国最伟大的神学家博须埃呼喊道："这是这个世纪的奇迹！"

法国在这次打击下耗尽了资源。技能、训练有素的双手，以及在未来世界建立至高无上霸权所必需的元素，都离法国而去了，并充实着它的敌人。无论是在德国、英格兰，还是在美洲，没有哪个外国人能够像胡格诺派教徒那样受到如此热烈的欢迎。

一次成功的合并

反弹以一种出乎意料的形式开始了。英格兰的詹姆斯二世被赶下王位，他的女儿玛丽与其丈夫奥兰治的威廉戴上了双王冠。在威廉的带领下，所有的敌国聚集在一起，共同防卫欧洲，抵御这个令人憎恶的敌人。

荷兰与每一个新教国家压抑的怨怒被点燃了，大同盟战争开始了。从1688年的奥格斯堡同盟开始，一直持续到1697年《里斯维克和约》签订，这场战争以法国在所有战线上全面失败而告终。

在遭到羞辱与捶打之后，国王仍有一个机会重拾过去的辉

---

① 又译芬乃伦，法国17世纪后半期天主教神学家、诗人、作家。——译者注

煌，即将西班牙半岛并入法国。马德里有一个空缺的王位，通过遭受冷落的玛丽亚·特蕾莎王后，他的孙子腓力可以对这份遗产提出要求。这是法国一个可以转败为胜的契机。路易十四放弃的西班牙王位的继承权，被他的孙子腓力轻松地解决了。他提出了对王位继承权的要求，与神圣罗马帝国皇帝利奥波德一世的儿子竞争。当教皇最终决定倾向于伟大的路易十四的孙子腓力的时候，整个欧洲都跑到奥地利大公一边，在西班牙王位继承战争中向他们提供帮助。

这出伟大戏剧的开头有一个小插曲，它推动了普鲁士王国的建立。当皇帝要求勃兰登堡选帝侯腓特烈提供军队时，他拒绝这样做，除非他可以戴上国王的头衔而不是选帝侯。这个条件确实使这块由腓特烈的祖先从俄国一侧分割出来的领土，以契约的形式冠以普鲁士之名，取代了勃兰登堡。因此，在这场角逐个人野心的战争之外，出现了一个新的王国，即普鲁士王国。未来，法国将会经常听到它的名字。

英格兰并不急于加入这个瓦解哈布斯堡王朝的新同盟，多年来，与欧洲其他国家一样，它一直试图推翻哈布斯堡王朝。但当路易十四蛮横地支持流亡的国王詹姆斯二世的事业，并承诺用武力将这个图谋篡位的人推上王位时，英国就有了其他的想法。英国派遣马尔伯勒公爵及精锐部队前往德国，加入欧根亲王的阵营。

正是马尔伯勒在布伦海姆战役中（1704年）把失败的铁钎钉进了路易十四的灵魂。战争结束后，路易十四对所有的要求都做出了让步：他放弃了一大片广阔的领土，将詹姆斯二世这个图谋英国王位的人驱逐出他的王国，承认安妮是大不列颠女王。

　　根据《乌得勒支条约》的规定，直布罗陀交由英国控制；西班牙将荷兰以及它在意大利的所有财产，都割让给神圣罗马帝国。于是，在欧洲大陆上编织了两个世纪的、精巧的外交网络就像蜘蛛网一样被无情地冲刷掉了。

路易十四之死

　　一个痛苦不堪、身心俱疲的老人，被剥夺了所有力量，在凡尔赛的宏伟宫殿里奄奄一息，他活得比他的名声和崇拜者都要久。那位怂恿他废除《南特敕令》的严厉女人，在他那不幸的王后去世后，被他私下里立为妻子。玛丽·特蕾丝忍受了他对露易丝·拉·瓦利埃尔的疯狂迷恋，之后，拉·瓦利埃尔带着她那颗破碎的心来到了女修道院，德·蒙特斯潘取代了她的位置。德·蒙特斯潘为了让王室的孩子们有机会学到严肃质朴的美德，邀请诗人斯卡龙的遗孀——曼特农夫人住进自己家里，这最终导致了德·蒙特斯潘的毁灭。曼特农夫人黯淡、严肃，却又多才多艺，怀有热望，但她并没有对自己的职责投入太多精力，而是想方设法地对国王施加影响。

　　路易十四曾经集大臣、裁判法官、议员于一身，他是居于中心的太阳，高乃依、莫里哀、拉辛等人都只是他发出的一束光线，但他注定在年迈时被一位工于心计的女投机家所摆布与奴役。青春时期已经过去，现在他开始忧心于自己的灵魂。曼特农夫人巧妙地利用了这一点，于是蒙特斯潘夫人被送走了，而曼特农夫人还留在这里。

是她使他相信，救赎他的罪过的唯一恰当方法，就是把异端邪说赶出他的王国，并重建真正的信仰。在她的坚持下，他破坏了亨利四世的光荣事业，签署了废除《南特敕令》的文件，残酷地践踏了新教。

17—18世纪，欧洲进行的这场伟大博弈的赌注是霸主的地位，即由哈布斯堡王朝占据的最高地位。路易十四的整个统治都以此为终极目标，他似乎多次接近它，但却从来没有达成。吞并西班牙是他最后的尝试，结果失败了，法国没能赢得欧洲文明的领导权。

在即将到来的支配中，新力量、新形势将拓展国家野心的范畴。而英吉利海峡对岸的国家将会抓住这些力量，并使它的竞争对手在商业贸易与全球扩张的未知道路上，远远地落后于它。

带着一种奇怪的冷漠，法国曾视自己为美洲大陆大部分地区的主人，这是那些富有冒险精神的法国人与天主教传教士为它赢得的。事实上，在推动殖民帝国不断发展的道路上，法国自己什么也没有做。由于法国没能理解不断变化的形势，哈布斯堡王朝高耸的城堡遮蔽了它的视线，因此它的政策一直以来只是在原地打转。

路易十五

1715年，年仅五岁的路易十五（路易十四的曾孙）成为冰冷王座的继承人，这是黎塞留、马扎然与路易十四的所有付出所换来的成果。专制主义已发展到极端，国王就是一切。在他下面，是奉承、谄媚的贵族，然后是一个被称作"人民"的模糊实体，一个遥远的无形力量，承受着这个辉煌金字塔的重量。而塔尖上，就坐着我们这个五岁的男孩。

年幼的路易开始为继承这项事业做准备，他富有修养的堂兄奥尔良公爵被选为摄政王，王室教育开始了。世界上最好、最稀有的文化都在为国王服务。费奈隆是一位优雅的神职人员，他以一种吸引人的形式向国王讲授古典文学，采用的是他自己的著作《忒勒玛科斯历险记》。但这本书随后被禁止刊行，因为有人怀疑该书是在暗讽法国的统治。在书中，海中女神可能指代的是德·蒙特斯潘夫人，还有其他著名的或声名狼藉的宫廷成员也都被略施薄妆，粉墨登场。

这个英俊少年正呼吸着带有天赋的空气，这空气是由一个能与伯利克里、奥古斯都与美第奇所处的环境相媲美的时代造就的。但与此同时，从旧宫廷遗留下来的腐朽遗物中，又长出一种新的罪恶，这些罪恶所散发的气息也在滋养着年幼的路易。

第十四章

约翰·劳

财政危机即将到来。

路易十四统治时期留下的巨额债务，迫使摄政王的聪明才智发挥到了极致。后来，苏格兰人约翰·劳提出了伟大的金融计划，用纸币创造出无限的财富，这正是摄政王所亟需的。不过，崩溃很快就到来了。1720年，成千上万的人倾家荡产，将这个国家置于比以前更加迫切需要财富的境地。

凡尔赛的时光

1723年，路易十五宣布成年。这时，他与流亡的波兰国王斯坦尼斯瓦夫的女儿玛丽·莱什琴斯卡的婚姻已经安排妥当。当时的欧洲，就像今天这个帝国①一样，正因奥地利王位继承问题而感到焦虑不安。《萨利克法典》将女性继承人排除在外，而1740年皇帝查理六世去世时，只留下一个女儿玛丽亚·特蕾莎。于是《国事诏书》再次被调用，该诏书似乎包含了这种情

---

① 指奥匈帝国。——译者注

形下所必须的选择——如果王位缺乏男性继承人，就可以顺延至女性继承人身上。因此，维也纳的王位上出现了一位年轻、漂亮的女王，她将为欧洲历史增添许多色彩。她通过在西里西亚领地的英勇战斗，开启了自己卓绝的统治。西里西亚领地也是年轻的普鲁士国王腓特烈想要占据的，他要将它并入他自己的新王国。这位普鲁士国王也将非常迅速地创造历史，在一段暴风骤雨般的生涯过后，他将使自己的王国变成一个强权国家，而他也将成为那个时代的"大帝"！不过，在年轻时期，腓特烈和他的贵族们，仍然被路易十四统治时期的辉煌壮丽所遮蔽，他们只是凡尔赛宫廷卑微的模仿者，他们渴求的文化与文明是法国式的——只是法国的。对腓特烈而言，与伏尔泰的亲密交往是他最大的愿望，但当近距离接触这位机智、诙谐、愤世嫉俗的法国人时，嘲笑奚落的锋利矛头对准了自己，于是就没那么令人愉悦了，他改变了态度，他的客人也不再是"受欢迎的人"。

在这个时候，如果能近距离观察凡尔赛宫，也可能会使这些在法国文明圣地朝拜的人不再抱有幻想。国王对自己国家的状况完全不关心，他只专注于低级趣味，实际统治这个国家的是蓬巴杜夫人，但这还不是他们所能看到的最糟糕的情况！没有羞耻，没有怜悯，没有爱国主义，也没有人类的情感，民众在不断的战争与朝廷的奢侈消费导致的沉重赋税之下苟延残喘，绝望的情绪日渐滋长，这对一个国王而言意味着什么？路易十五把治理国家的所有问题都抛诸脑后，让他的大臣们——弗勒里以及后来的德·舒瓦瑟尔，去处理这些悲惨的境况与不满的情绪。他们要竭尽所能，找出一条走出财政困境的道路。

路易十六的婚姻

我们可以从帝国皇帝之女玛丽亚·特蕾莎身上，看到蓬巴杜夫人的权力。当时，特蕾莎需要路易十五的友谊，她希望路易在奥地利与普鲁士的腓特烈进行斗争时，能够站在奥地利一边。于是，特蕾莎给蓬巴杜夫人写了一封措辞恭维的书信。

女皇巧妙地结交了这份友谊，她安排了小女儿玛丽·安托瓦内特与未来将成为法国国王的男孩路易的婚姻。法国的王太子、王太子妃以及他们年长的孩子都死了，路易作为王太子的次子，就成了他的祖父路易十五的继承人。

奥地利女皇在一个十足的专制主义中心出生，在这样的环境下被抚养与熏陶，她怎能不对过去、现在与将来充满误解呢？她不会想到法国王后的位置将成为她孩子的断头台。在她看来，哈布斯堡王朝与波旁王朝就像阿尔卑斯山一样恒久长存。

与此同时，英格兰与法国越过了彼此北美殖民地的边界，爆发了冲突，战争由布拉多克与他年轻的副官华盛顿发动，这让贫穷的法国雪上加霜。随着北方两个要塞蒙特利尔与魁北克的沦陷，法国人事实上已经被打败了。当战争结束时，从加拿大到墨西哥湾的广大领地都要割让给英格兰与西班牙，法国失去了它在北美大陆的每一寸土地。

英格兰正在稳步建立一个渗透着军事力量的全球性现代帝国。而法国却负债累累，沉重赋税使得民众苦于生计。国王从饥饿的民众手中搜刮钱财，以满足杜巴利夫人（取代了蓬巴杜夫人的位置）难以想象的奢华与享乐。她在仲夏时节想要一场暴风雪和一场雪橇之旅，这些都必须被创造出来，以使她的愿望成真。今天在凡尔赛宫，人们还可以看到用来实现这一疯狂任性想法的雪橇。

隐蔽的激流

　　路易十五的那些导师，都没有教过他任何关于运用心智与培养精神思想的知识。他们完全无法意识到，法国已经开始了一场运动，这场运动将解放可怕的力量，这种力量将像清扫谷糠一样，把黎塞留、马扎然和科尔贝等人的工作扫到他们面前。

　　人们开始探索和质问，他们开始怀疑曾经相信的一切。随着一个又一个原本珍视的信念消失，这种探索和质问变得越来越大胆。整个宗教、社会与政治体系都是错的，唯一的补救办法就是推翻所有一切，把理性加冕为新时代的权威。这就是当路易为杜巴利夫人提供难以置信的奢华消费时，民众底层的状态，一种力量正在酝酿、积累和发酵。当人们在路易十五广场[①]的雕像上写下侮辱的词句时，他们的心中充满了愤怒。

　　路易十五广场不久就改名为革命广场，这座铜像被愤怒的民众熔化成子弹。而矗立在那个地方的断头台，将被用来处决

---

① 今巴黎协和广场。——译者注

国王、王后、国王的妹妹以及法国大部分的贵族。

危机临近

据说，现代历史上的三件大事分别是宗教改革、美国独立战争和法国大革命。诸如此类的事件都有着血红、苍白的背景，它们背后陈列着一系列悠长的缘由。法国大革命不是在一天之内完成的，也不是由某个人推动的。一千年来，一直存在着朝这一事件发展的趋势。事实上，自从"劳动是低贱的"这一偏见被放置在法国社会结构的基础之上，这一趋势就一直存在了。

导致18世纪末这场危机急剧出现的直接原因，是金融与经济问题，同时起作用的因素，还有一场引人注目的思想启蒙运动与美国独立战争的爆发。如果这时国王足够智慧，或具有普通人的道德意识，是有可能避免这场悲剧爆发的，至少可以通过唤醒人们的希望，推迟这一事件的发生。革命滋生于毫无希望的苦难，路易十五的统治使得希望破灭了，他的继任者继承了这一不可避免的后果。

一个冷酷无情的奢侈享乐之人，品位腐化堕落，没有责任感，也不了解他所处的时代；一个酒色之徒，受到一群诡计多端的女人的支配，对国家的贫困不管不顾，沉迷于放荡的奢侈浪费中——当时统治法国的，就是这样一个被授予了黎塞留所打造的绝对专制权威的人。正是黎塞留为这场风暴开辟了道路。

至于贵族，他们的堕落也是可想而知的。据说为了帮助自己的女儿们争取到蓬巴杜夫人曾拥有的那样令人垂涎的地位与国家最高职务，那些有爵位的、显赫的父亲们互相之间曾发生过激烈的艰难竞争。

等级高的阶层还能降得更低吗？难道这个王国还没有步入深渊的谷底吗？国家的外交政策取决于在多大程度上考虑到蓬巴杜夫人，但这个被伟大的玛丽亚·特蕾莎女皇巧妙地追求到她的友谊的女人，却被取代了。杜巴利夫人清新的迷人魅力奴役了国王，被遗弃的旧爱无法忍受这种落差，肝肠寸断而死。据说，当路易十五从他宫殿高处的窗户看到蓬巴杜夫人的棺材在瓢泼大雨中被抬出来时，笑着说道："啊，侯爵夫人今天旅行的日子不太好啊。"可想而知，对一个他曾经爱过的女人都能如此冷酷无情的男人，对那些他根本就不爱的民众，又怎么会有丝毫的怜悯之心？他所认识的那些人，只不过是一些遥远而又模糊的东西，却要承受他荣耀的重量。

但是这些"模糊的东西"，正在经历着从未有过的陌生转变。地面上更大的光亮已经把一些微微闪烁的光线，投射进匍匐的民众之中。他们开始觉醒与思考，痛苦、绝望与卑贱，正在转化为愤怒与复仇的渴望。

一个新阶层已经出现，它出身并不高贵，但却受过很好的智识训练，它蔑视并厌恶那些轻浮的、受教育程度不高的贵族。此外，它还对表层之下的由人类激情所酝酿、引发的动乱持轻蔑态度。伏尔泰说宗教信仰的限制放松了，没有谁，即便是黎塞留或路易十四，也不可能避免这场即将到来的厄运。不过，似乎没有人去质疑即将会发生什么。

一部精彩的文学作品诞生了，它不像之前的作品那样宏伟与经典，但却带着一种新的活力。它深刻的主题能够占据人的心灵，不可思议的笔触折射出语言的光辉。但这一切都被否定了，没有人试图建设什么，所有人都想拆掉一切，毁灭的黑翼天使在这片大地上空盘旋着。

卢梭将他梦幻般的抽象理念抛掷到战栗的空气之中，还有那个公式——"自由、平等、博爱"，被那些冠以爵位的贵族们抓在手中，像把玩一个迷人的玩具一样。王子们、公爵们与侯爵们在田园牧歌式的天真梦幻里取悦自己，在一些遥远与不确定的未来，走上一条同样不确定的道路。这完全是一场假面舞会，没有现实，没有真诚，没有信念，没有善或者恶。唯一真实的事情是，一群赋税沉重、生活贫困的民众感到愤怒与饥饿。

国王是否需要新的供给来满足他难以想象的奢侈？他们已经被征税了，法国的"光荣"是否有必要扩充新的维度？为了平息民众的喧嚣或不满，他们必须为参加光荣战斗的士兵提供给养，并找到付给他们报酬的方法。每一项负担最终都落在这个国家最低阶层的身上；贵族与教士占有三分之二的土地，却几乎免税。

然而，法国的国王与贵族们却对卢梭的理论情有独钟，兴高采烈地讨论着"人权"——狼和狐狸们聚在一起讨论财产权的神圣性，或者说，谋杀犯们对人的生命神圣不可侵犯这一理念的信服日渐滋长！在那些机智聪敏的法国人之中，似乎没有一个能够意识到，"自由、平等、博爱"这一公式的逻辑顺序一定是首先要"打倒贵族"。这是多么地不可思议啊！

因此，黎塞留转变、锻造的磐石般的制度，变得一天比一天脆弱。国王与朝廷只是在一层镀了金的脆弱外壳上跳舞，根本没有注意到外壳里面燃烧着的深不可测的火焰。二十五年后，在这些涂脂抹粉的人之中，有一些人的脑袋掉进了刽子手的篮子。那时，他们还记得那些奢靡的时光吗？杜巴利夫人想到这些了吗？当她被拖上断头台，尖叫着、挣扎着的时候，她还会因自己战胜了蓬巴杜夫人而狂喜么？

拿破仑·波拿巴出生

在这一悲惨统治结束的五年前，发生了一件看起来似乎对欧洲无足轻重的事情——一个孩子在一个不起眼的意大利家庭出生了，他的名字叫作拿破仑·波拿巴。他的出生地科西嘉岛在两个月前才并入法国。甚至在那个时候，命运之神就已经开始注视这个孩子了。或许，如果随后发生的事情出现那么一点轻微的转折，这个孩子就会成为西班牙、德国或英格兰的乔治三世的臣民。

贫穷的热那亚共和国无比渴求金钱，这个岛屿会被出价最高的人购得。1768年，法国买下了它，恰好使得这个伟大的科西嘉人成为法国公民。

确实，这出即将上演的戏剧里的所有演员都已集合到位，凡尔赛宫里三个年轻的王子、路易十五的孙子们，相继登上法国王位。他们是：二十岁的路易十六和他的奥地利新娘玛丽·安托瓦内特；路易的两个弟弟——路易十八与查理十世。一位王公——住在皇家宫殿里的路易·菲利普，他是奥尔良公爵路易·菲利普·约瑟夫之子，也是命中注定会戴上法国王冠的人。最后，是那个在阿雅克肖①出生的孩子，这出戏剧因为有他而达到了辉煌的高潮。

　　1744年，路易十五患上天花，凡尔赛宫的壮丽图景换成了圣丹尼斯教堂的王室墓地，他在那里同他的祖先们一起长眠。

---

① 今法国南科西嘉省省会。——译者注

第十五章

路易十六

路易十五去世了，两个没有经验的孩子——只有二十岁的路易十六与他十九的妻子玛丽·安托瓦内特——带着年轻人的无忧无虑，登上了那个将会成为他们断头台的王座。路易十六和蔼可亲、心地善良，富有慷慨的动机；玛丽·安托瓦内特美丽、单纯、可爱、天真烂漫。他们取代了那个生活在腐化堕落环境中的放荡老国王，就像是从童话故事里走进现实的王子与公主。这个亲切的年轻国王，开启了空气中弥漫着的人类新时代的无限承诺，他仁慈的心地，映射在他的第一次演讲中，"我们将不会再有更多的借款，不再寅吃卯粮，也不再向民众施加新的负担"。他舍弃了那些部长们想尽各种办法从空虚的国库里向行政人员支付巨额薪酬的设想，为他仁慈的政府计划安排财政细节。他和他那个艳丽的、闪亮的年轻妻子一起去兰斯，在那里举行了一场他自己都意想不到的堂皇壮丽的加冕仪式。

在新统治来临的喜悦之中，以及预测着普遍自由的梦想之中，大西洋彼岸传来了爱国者联合反对英国国王暴政的消息，这意味着新哲学理论变成了真实体验。"没有代表权就不得征税""没有特权阶级""未经被统治者同意，就没有政府"，这不就是他们梦想的具体化吗？英格兰是法国痛恨的对手，可这也没能减损人们对这场冲突的兴致。英格兰遭到了本民族愤怒民众的蔑视与反抗。在殖民地，如果他可以，就没有哪个年轻的贵族不会冲上去保卫那些怒气冲冲的人民和那里的土地。

国王将信将疑地，带着难以名状的恐惧卷入了这场战争，慷慨、热情的法国极大地激励了美国军队的士气，鼓舞了美国人民的勇气。

其他人没有看到的东西，心地单纯的路易同样没有看到。无论殖民地胜利或失败，法国都会受到威胁：如果殖民地被征服了，法国将感受到来自英国的敌意；如果殖民地获得了自由与自治，君主制的原则将会遭受惊人的打击。

美国革命的影响

随着美国革命走向成功，在棚屋里与城堡里，都有人在谈论"人权"，在商店里与谷仓里，同在俱乐部里与会客厅里一样，到处都闪烁着黎明的微光。

"在一个大陆上正确的事情，在另一个大陆上也应该是正确的。"他们说，"如果在美国屈服于暴政是懦弱的，那么在法国又是什么呢？""如果英国人可以反抗压迫，为什么法国人就不能呢？""未经被统治者同意，就没有政府——什么时候他们征求过我们的同意？两千五百万民众的同意？我们难道是绵羊么？任凭几千人未经我们的同意，就压制我们长达一千年之久？"

贫穷和饥饿加剧了这些问题，使其变得更加紧迫。人们开始更加大胆地叫嚷，要求国王兑现当初给他们一个好时代的承诺。窃窃低语膨胀为不祥的咆哮，成千上万的人聚集在他雄伟的宫殿前，以一种不甚明朗的措辞告诉他，他们厌倦了甜蜜的语言与光鲜的承诺，他们想要的是一部新宪法和面包。

可怜的路易！宪法可以用笔和纸写出来，但他要靠什么奇迹才能造出另一个呢？他多么希望自己能给他们任何东西，但他又能做些什么呢？他没有足够的钱为他的官员们支付薪水，也没有足够的钱为他那年轻靓丽的王后支付那些派对与舞会的账单！过去的办法是强征新税，但他怎么能向那些在他门前为面包而哭泣的人征税呢？他许下了更多无法兑现的诺言；在权威与尊严上一次又一次地屈服、让步；然后，他又动摇了，试图从这条滑溜溜的路上再走回去，却不料又一次被不可抗拒的命运拖走了。

杜尔哥

路易十六的财政大臣杜尔哥是一位训练有素的经济学家，也是一个非常有能力的人。当路易在加冕礼之后的演讲中向民众保证"不会再有更多的借款，也不再向民众施加新的负担"时，他不知道杜尔哥将怎样完成这个奇迹，也不知道要想做成这件事，就要切断贵族们所珍视的特权，即将开展的改革也是针对特权阶级的。当这一点变得显而易见时，凡尔赛宫里充斥着愤慨。为了平息愤怒，宫廷不再考虑节省开支的问题，杜尔哥被解职了，一位瑞士银行家内克尔（斯塔尔夫人[1]的父亲）受命接替了他的职位。

内克尔

内克尔又犯了一个错误，他信任民众，让他们知道财政收入的来源、支出的实质，以及救济的措施。民众对此表现得很平静，但特权阶级却很恼火，他们从来没有信任过民众，认为让他们问询这些钱是怎么花费的，是一种不恰当的鲁莽行为。于是，路易再一次屈服于凡尔赛宫的压力，将内克尔撤职。在随后爆发的怒火中，他试图回溯他的脚步，梳理那些举措。

可是如今，事态发展得太快了。在当前的状况下，小规模的改革与让步都是徒劳的，他们正在要求召集三级会议。

召集三级会议

关键时刻到了，如果路易自己主动召集那个团体来商讨当前形势，那将是一件与此迥然不同的事情；但是，在"人民

---

[1] 评论家、小说家，法国浪漫主义文学前驱。——译者注

的要求"下召集三级会议，实际上就是专制主义的投降。黎塞留、马扎然与路易十四所做的一切，就将付诸东流，遭到颠覆。因为，这意味着承认民众拥有对国王发号施令的权利，以及参与国家政府管理的权利，整个革命浪潮争辩的焦点，都将在这一行动中被证明是正确的。

1789年，召集令发出了。当路易十六召集三级会议时，他对自己臣民的要求做出了最后的让步。

自从黎塞留废除了政府的一切辅助职能以来，那个几乎被人遗忘的机构就再也没有出现过。贵族、教士与第三等级（或平民）再一次聚到一起。威严高傲的贵族和华贵的教士都没发生什么改变，但平民们苍白的脸上有了一种新的表情。被隔绝了近两个世纪，当他们再次面对贵族们轻蔑的凝视时，目光里也投射出镇静的蔑视。

两个高等级完全拒绝与平民们共处一室，他们可能在同一个屋檐下，但永远也不会出现在同一个房间里。

这种拒绝是有历史先例的，这三个阶层一直是三个相互隔绝的团体。因此，共处一室的要求本身就冒犯了两个高等级的古老尊严，他们对此十分厌烦。但他们最好还是做出让步，有尊严的第三等级坚定地认为，他们应该作为一个团体一起开会、一起投票，否则他们将组成一个单独的团体，独立于其他两个团体行事。这就像卢比孔河，如果河岸的这一边妥协，三个拥有立法权的团体有可能展开合作；否则，在河岸的另一边，将展开由民众主导的革命。

国民议会

法国的贵族得到了最后的机会，却做出了最傲慢、愚蠢的行为。贵族与教士拒绝了最后通牒，第三等级宣布独自召开国民议会，并宣称被授予王国的一切立法权。民众接管了法国政府！

君主政体的灭亡似乎是显而易见的。曾经在最关键的时刻，在要求进行最谨慎的开支与改革的时刻，命运却将路易十五放在这里——他像个疯子一样恣意挥霍；到了下一个阶段，当最后的机会依然存在，主导力量还在努力把这个国家拖回来，阻止它走向彻底崩溃的边缘时，命运又将一位优秀善良，但也软弱的绅士冠以国王的名号！当心烦意乱的路易十六发出无力的命令，宣布解散国民议会，让三个阶层按照古老的习俗单独投票时，他的软弱表露无遗。当他告诫第三等级"不要干涉更高等级的特权"时，王权就成了笑柄。这就像一个孩子警告龙卷风不要朝这个方向来一样。

当国王的传令官在通知的结尾处说"如是，先生们，这是我王的命令"时，米拉波一跃而起，喊道："滚吧，告诉你的主人，我们根据人民的意志聚集在这里，如果要我们离开，除非长刀相向。"可怜的国王于是再次屈服于这种挑衅，甚至乞求贵族与教士代表参加国民议会——这次议会在属于他自己的凡尔赛宫里举行。议会最初的崇高目标变得越来越激进，要求正义与改革的口号被篡改为"打倒贵族"。事态变得令人担忧，于是路易下令解散这个团体。当士兵们站在门口阻止它集会时，它占据了王后的网球场，每个成员都在那里庄严宣誓，除非他们寻求的目标得到保证，否则绝不解散。

在教士与贵族中间，有一些人认识到改革的必要性，他们很乐意加入这场不同寻常的精神运动之中。因此，部分是出于惊慌，部分是由于一些其他原因或目的，一部分人脱离了两个贵族团体。国王的堂兄奥尔良公爵领导了一场运动，三个大主教领导了另一场运动。这些人连同他们的追随者，出现在第三等级中间，皈依于人民的事业。最近北美独立战争中的英雄拉斐特侯爵，就坐在米拉波这个在运动初期最有权势也最能言善辩的领袖旁边。

关于米拉波，大家都认为他的智力远远超过他身边的每一个人，但不管他是善是恶，世界仍在怀疑——他是否能够引导他所唤醒的力量。如果不是死亡过早地将其从历史的舞台上带走，留下罗伯斯庇尔（大家对他的评价也没有意见分歧）引领革命风潮，他是否能够改变什么？

攻占巴士底狱

巴黎兴奋得发狂，俱乐部与协会遍布各个角落，暴徒三五成群地在巴黎的夜里游行、唱歌，点燃了这些乌合之众的心。人民之友奥尔良公爵的家成为整个运动的心脏地带。在那里，法国的爱国者与仰慕者们燃烧着他们崇高的理想，与那些邪恶的无良阴谋家们会面。卡米尔·德穆兰与马拉在奥尔良公爵的领导下融合成一个整体。奥尔良公爵超越了贵族传统，相信"平等"，他是人民的一员——"平等的菲利普"。他年轻的儿子路易·菲利普也许能在狂欢声与喊叫声中听到卡米尔·德穆兰与马拉的雄辩。

一个谣言从皇宫里传出来，并且像电流一样传遍了大街小巷。谣言说，国王的士兵们正向议会进军，要驱散人群。酒精与兴奋带来了疯狂，一种普遍的冲动占据了民众的内心，他们要摧毁巴士底狱这个古老的专制主义堡垒、王室暴政的象征。这座有着八座巨大圆塔、八十三英尺宽护城河的监狱要塞，自1371年以来就一直蠢立在那里，比法国的任何建筑都更能代表人类的悲惨历程。不到一个小时，监狱的大门就被撞开了，太阳还没落山，监狱长和他的官员们的头颅就被人插在矛尖上，穿过巴黎的大街小巷。恐怖的戏剧开幕了，贫民窟里的老虎尝到了血腥的味道，而且它还想再来一次。

到目前为止，这只是一群叛乱暴徒进行的暴力活动，国民议会立即组建了一个民兵组织，在拉斐特的指挥下保卫巴黎。

当巴士底狱陷落的消息传到凡尔赛宫时，国王还没有意识到形势的严峻性，他喊道："这是一场叛乱！""陛下！"德·利昂古公爵说，"这是一场革命！"

国王发现自己被遗弃了，他那些惊恐万状的贵族几乎一齐逃离了王国。他感到非常困惑，不知道该做什么，也不知道不该做什么。他想向民众保证他是他们的朋友，于是他出现在国民议会面前，做出最后的牺牲——他接受了三色旗，穿上了革命党的制服！他的做法受到了极大的欢迎，事情的前景也变得更加令人放心了。

接着，从乡下来的一个团增援了王宫卫戍部队，并举行了欢迎新军官的宴会。只是出于礼节的考虑，要求国王与王后进入宴会厅稍作停留，玛丽·安托瓦内特极不情愿地同意穿过宴会厅。当军官们看见玛丽亚·特蕾莎美艳的女儿时，都跳了起来，因酒醉而涨红了脸，满腔热情难以自禁，他们干了一件致命的事——把三色旗扔到桌子底下，举杯欢呼："永远的国王！"

当这一消息在巴黎传播时，再次掀起一场狂风暴雨。一千个可怕的女人，在一个比她们更可怕的女人的带领下，向凡尔赛宫进发了。更糟糕的是，这支队伍在路上不断得到增援，他们嚎叫着在夜雨中抵达王宫并在那里扎营。最终，有人找到了入口，他们进入王宫，来到王后的门前。这时，王后已经通过暗道逃到了国王的房间。

他们喊叫着："国王到巴黎去！"第二天早晨，可怜的路易十六出现在阳台上，表示他愿意按照他们的要求去巴黎。接着，王后也出现在阳台上，她怀抱着胸前覆盖着三色旗的王太子，希望能打动他们的心。在可怕的护送下，他们永远地离开了凡尔赛宫，回到了巴黎，事实上成了杜伊勒里宫的俘虏。

拉斐特

拉斐特此时拥有独一无二的地位：他是国民议会的代理人，保护国王不受雅各宾派的侵犯，他对罗伯斯庇尔和马拉说："如果你们今天杀了国王，我明天就将王太子推上王位。"

但是，洪流一旦涌出，便很难引导。国民议会中正在形成三个政治派系：吉伦特派，一个天才的、雄辩的、温和的派系；雅各宾派，一个由极端主义者与激进主义者构成的派系；还有一个中间派，他们犹豫不决，观望与等待着什么是最安全的与最好的。

在法国大革命中，一切高尚的、真实的和美好的事物都是属于吉伦特派的，他们是梦想家、理想主义者，他们的梦想是建立一个像美国一样的共和国。他们的理想是一个不可能实现的完美状态，在那种状态下，人类的理性是至高无上的。他们不赞成革命中那些过分的行为，但如果有必要，他们愿意牺牲国王甚至是王室家族。他们没有意识到自己轻巧地玩弄着的力量是什么性质，也没有意识到他们所竭力抑制的可怕的过激行为即将到来。在他们牺牲了王室家族之后，雅各宾派也将牺牲他们。杀戮者也会被杀死！

拉斐特既不是吉伦特派，也不是雅各宾派，他是一个忠诚的法国人与爱国者，心中怀着美国式理想，徒劳地试图在一个软弱的国王与一个丧失理智的民族之间进行调解。当他想放弃这项无望的任务，为躲避自己将被吞没的命运而准备逃亡时，最后的时刻已经临近了。

圣殿塔

王室逃离的计划加剧了局势的恶化，最终他们被认了出来，在瓦雷纳带着极大的侮辱被押送回巴黎，受到比以前更为严密的监视。1792年8月10日，暴徒们袭击了杜伊勒里宫，王室成员逃到国民议会寻求保护，瑞士卫队的警卫们用生命徒劳地保卫着宫殿。

这是君主制的终结，路易十六、勇敢的王后和她的孩子们，以及国王的妹妹伊丽莎白公主，从议会被转移到了圣殿塔监狱，国民公会正式宣布法国成为共和国。

他们被关押的这座阴森冷酷的监狱，自腓力·奥古斯都时代起，就已存在了。它是为圣殿骑士团建造的，在中央广场高塔的侧翼矗立着四座圆塔，集城堡、要塞、监狱于一体，是腓力四世在位期间被处以火刑的圣殿骑士团大首领以及其他成员的府邸。中央塔有四层楼，一百五十英尺高。秩序被无情地破坏了，国王和王太子被囚禁在第二层，王后和她年幼的女儿，还有伊丽莎白公主被囚禁在楼上。

狂欢的雅各宾派

权力迅速地从吉伦特派转移到雅各宾派手中，并成立了一个革命法庭，由可怕的三巨头——罗伯斯庇尔、马拉和丹东主导。

法庭设立在正义宫①深具历史意义的前厅，审判正是对这个法庭的无耻嘲弄。它的墙壁注视过墨洛温王朝、加洛林王朝以及卡佩王朝的国王们，如今却要见证对法国最无辜、最好心的国王的定罪过程。

国王被处死

1793年1月21日，国王因被控叛国罪而受到这个法庭的传唤，在这里被定罪并被判处死刑。他被允许最后一次拥抱他爱慕的妻子与深爱的孩子。在断头台上，他试图对他的人民说最后一句话，但有人下令击鼓，鼓声淹没了他的声音，一个随侍牧师说道："Fils de Saint Louis, montez au ciel！"意思是，圣路易之子，升天吧！一切都结束了。一个绅士为他的祖先们所犯下的罪行赎了罪。

越来越多的狂热凝聚成一股激流，所有卑鄙的、无家可归的人都汇聚在这股激流里。国民议会中端坐着的那些面色苍白、意志坚定的爱国者们都到哪儿去了？他们中的一些人与公爵们、侯爵夫人们一起被押到了断头台，难道这就是他们大声喊出"打倒贵族"时所期盼的那种平等吗？

他们是否觉得自己在掀起风暴后，能够引导它的力度与方

---

① The Palais de Justice，又译司法宫。——译者注

向？就像对龙卷风低语，让它们只摧毁高大的树木；或是对烈火轻诉，让它们只烧毁宫殿和庙宇一样。

随着控制机构的取消，宗教、政府、国王统统被扫除，那些出生于恶习、贫穷、怨恨与绝望中的丑恶万状的匪徒，从黑暗的藏身之处冒了出来。一场爱国起义演变成一场嗜血恶魔的野蛮狂欢。这场狂欢由罗伯斯庇尔、马拉与丹东这三个恶魔头子领导，他们彼此争相比拼着残暴的程度。

夏绿蒂·科黛

然后，我们看到那个单纯的女孩，像圣女贞德一样，为了拯救她的国家，用一种英雄主义与牺牲精神的崇高方式思考。傻孩子！她只是砍掉了那个正在吞食巴黎的多头怪兽的一个脑袋，根本不可能杀死它。马拉之死只会使暴风雨变得更加猛烈，而夏绿蒂·科黛的脑袋掉下来，还不如森林里的一片落叶更引人注目。

对民众的屠杀已经转变为一种"运行良好"的机制，革命法庭的公诉人富基埃·坦维尔每天都到"公共安全委员会"拿取被指控违法的人员名单。这些人立即被关押进巴黎古监狱，等候审判。随后，这个名单被递交给罗伯斯庇尔，他会用笔标记出那些次日将被处死的人的名字。

对夏绿蒂·科黛的拙劣审判没有拖延，这个女孩来自一个较小的贵族家庭，在她与世隔绝的乡村生活中，一种高品质的精神受到这个时代新哲学理念的滋养，对自由的热爱以及对暴政的厌恶与恐惧支配着她。她对革命的早期目标怀有强烈的同情，马拉对她来说就是个怪兽，是那种会击败自由事业的精神的化身。据言，马拉的那个违法人员名单并不仅限于巴黎，遍布在法国各地的上千名亟待关押者的名字已经确定下来了。因此，当有人在那个不同寻常的审判现场质问夏绿蒂·科黛时，她不耐烦地说："是的，是的，我杀了他。我杀了一个人，救了十万人！"

这件事成为法国大革命中最引人注目的事件。在夏绿蒂·科黛被处决后，人们发现了她别在腰间的对法国人民意味深长的致辞，人们也看到了她至死不渝的极大勇气，这使得她的殉难故事变得更加凄美。一个正在巴黎古监狱等候审判的吉伦特派成员，在听说了她的罪名与处决后，呼喊道："他们可以杀死我们！但她教会了我们如何去死！"

王后被处死

王后的最后时刻没有很快到来。离开圣殿塔以后，她在恐怖的巴黎古监狱的黑暗囚室里挨过了七十二个昼夜。接着是审讯，烦琐冗长的审讯，在昏暗的大厅里持续了整整一夜。凌晨四点半钟，她听到了那些可怕的话语，却没有一丝颤抖："玛丽·安托瓦内特，路易·卡佩①的遗孀，法庭判你死刑。"这个勇敢的女人一刻也没有表露出胆怯畏缩，一个小细节把她不同寻常的镇定生动地呈现在我们面前：当她向自己的牢房走去时，站到楼梯前，她只是对身边的宪兵中尉说："先生，我几乎什么都看不见，你能领着我走吗？"

又过了半个小时，每个角落的大鼓都敲起来了，这是在为即将发生的大事做准备。十点钟，她开始了人生中最后一次乘车。在面对可怕的命运时，她是多么的勇敢！我们忘记了她的罪过，忘记了她不顾一切的骄奢淫逸，而是由衷地钦佩她走向死亡的勇气。她的双手被绑在身后，坐在那个丑陋不堪的两轮囚车里，昂着头，苍白的脸庞，自负的神情，目空一切的高傲，仿佛坐在王座上一样。这一天是1793年10月16日。

一个多世纪以来，人们一直在反复地打量、审视这个不幸的女人，我们看到的所有事情，不外乎是她热衷于寻欢作乐，做事轻率无忌，完全不懂得她自己所处的那个位置该负有多么重大的责任。

在那些拥有权力与荣耀的日子里，她就像那个时代的平常女人一样生活着，在同样的情况下，她们也会那么做——既不会更好，也不会更坏。但是，当这个检验灵魂、试探勇毅的时刻到来时，她表现出了一种胜过信仰的力量——高贵与镇定。

如果有任何证据能够证明钻石项链的故事是真实的——这个故事无疑加速了革命的危机——它肯定会被用于审判她，但

① 即路易十六。在审判与处决路易十六时，国民公会称其为"公民路易·卡佩"，波旁王朝是卡佩王朝的支系，路易·卡佩这一称呼是对其父系血缘的追溯。——译者注

162

事实上却没有。人们将会记住，这条项链是路易十五统治时期留下的致命遗产之一，他为杜巴利夫人订购了这件礼物，即便对国王而言，花费的金额也堪称是一笔巨款。项链还没有完工，国王就去世了，于是故事转而开始流行另一个版本，即玛丽·安托瓦内特，那个可恨的奥地利女人，正是她的挥霍无度摧毁了法国，当人们还在忍饥挨饿时，她却正在协商购买这条项链！

王太子的命运

围绕整个事件，编织了一张邪恶的网络，其中涉及一位红衣主教与一位高高在上的女士。这个谜团可能永远都不会揭开了，但将王后的名字与这桩历史性丑闻联系起来的所有努力都以失败而告终。

也许所有强加给这个悲惨女人的残忍行为中，没有哪一件能像她的儿子在革命法庭上所做的证词那样使她感到痛苦。他说，他曾听到他的母亲说她"憎恨法国人民"。在他的父亲从圣殿塔被押走后，这个孩子就由粗鲁的西蒙照料，他的身心都遭受了摧残。王后在给她丈夫的妹妹伊丽莎白公主的最后一封信中，惹人同情地提到了这件事，她请求伊丽莎白回忆一下，在她的儿子说出那些话之前遭受了什么痛苦，还提醒她，孩子在别人的唆使下，可能会说出一些他们自己并不理解的话。毫无疑问，正是残酷的折磨让这个孩子学到了教训，才不得不说出那些话。把他送回来时，他已经像半个傻子了，等到需要他的时候，就让他把这些话背诵出来。除了看守人员，任何人都不允许探视这个孩子。他的状况、最终的疾病乃至死亡都笼罩在神秘之中。1795年6月，在他的母亲被处决的八个月后，他被宣布死亡了。想在法庭面前证明这件事是很难的，没有哪个证人的证词有丝毫分量，也没有人被允许去看望那个如今被丢进了阴暗墓穴里的孩子。很多事情都让人心生疑窦。在法国重建的过程中，这个孩子有可能会成为一个政治难题的来源，可能有人会用另一种方式安置他——将他拖入一种像死亡一样可以发挥某种作用的晦暗境地。

杀戮越来越泛滥，革命的内涵却在逐渐减弱。我们并不能确定下面的事情真的发生了，不过野心勃勃的保皇党人很可能认为，把他们的钱花在解救王太子身上是很值得的。后来，一个美国的王太子以利亚撒·威廉姆斯声称自己就是路易十七，他的说法看上去很离奇。但是，还有哪个计划，能够比把一个半痴呆的王位继承人弄到美洲荒野印第安人部落的心脏地带，更安全、更有效呢？

1814年，路易十八占据了他哥哥路易十六的王位，并在其家族蒙羞的坟墓上，建造了那座美丽的赎罪礼拜堂。他还下令举行弥撒，说是让他那些被谋杀的亲人们的灵魂得以安息，他特指的是这几个名字：国王路易十六，王后玛丽·安托瓦内特，以及他的妹妹伊丽莎白公主。如果这是真的，就像前面所说的，王太子的名字没有被列入这一名单，这是一个最具暗示性的遗漏。严格意义上讲，这个男孩从他父亲死去的那一刻起，直到他自己死去的那一刻为止，都是国王，在君主的名单上他被称为路易十七。那么在那群殉难的人中，为什么没有提到他呢？

吉伦特派

在1792年8月10日废黜国王的过程中，有二十二个吉伦特派成员发挥了作用，后来，在判处国王死刑时他们也投了赞成票。如今，他们自己也面临着同样的厄运，而这个厄运，是他们在六个月前刚刚加诸给国王的。奇怪的宿命将他们与王后放到了同一个屋檐下，中间只隔了几英尺的距离和两道薄薄的隔墙。在她的牢房里，她一定听到了他们在那场戏剧性的盛宴上，在他们生命的最后一夜所发出的慷慨激昂的声音。第二天，这群非凡的人——极具天赋与魅力的人——全都躺在同一座坟墓之中了，紧挨着路易十六。

平等的菲利普

奥尔良公爵"平等的菲利普"也将得到他的报应，作为囚犯，他被带到那个阴森可怕的地方，他的牢房就在王后曾经住过的那间的隔壁。据说，他们还把王后不再需要的那张破床分给了他。他孤注一掷的游戏失败了，罪恶的混乱没有给他带来任何地位的提升；阴谋策划并对他的堂弟之死投赞成票所换来的是断头台，而不是王位。他的名字在受谴责的人员名单上停留了一段时间，但最终因为他年轻的儿子所做的一件事而走向终结。他的儿子就是当时的沙特尔公爵——迪穆里埃的侍从官路易·菲利普。当时迪穆里埃的军队正在守卫边境，抵御奥地利军队的入侵。在王后被处死后，迪穆里埃拒绝再为法国抵抗入侵，因为入侵的目的正是为了终止这些恐怖骇人的屠杀。他下达命令，和他的副官路易·菲利普一起，加入了比利时的流亡者阵营。而此时，奥地利军队正从凡尔登向巴黎全面进军。

这是叛国行为——不管正当与否，此处我们不做讨论。

"平等的菲利普"知道，他已经失去了领袖们的信任，而他们也知道，他是一个乔装打扮的贵族。所以当他的儿子跟随迪穆里埃一起发动叛变时，他开始试图逃离这个国家。他在马赛被捕了，被押进巴黎古监狱，那是去往断头台的中转站。不久，他就跟随着国王与王后的脚步，穿过圣奥诺雷街，经过他的皇家宫殿，向着革命广场走去了。

革命终结

革命始于一个爱国的集会，在某种程度上是理智的，但却迅速褪去了色彩。先是分裂成吉伦特派与雅各宾派，即温和派与极端主义者，吉伦特派战战兢兢地同意处死国王。接着，权力被移交给一个所谓的"公共安全委员会"和三巨头，以扫除碍手碍脚的吉伦特派。然后是三巨头掌控下的一段肆无忌惮的恐怖时期。最后，三巨头只剩下了一个。这就是它疯狂的历程。但是，随着国王与王后的死，这种疯狂达到了顶点，一种厌恶的情绪开始流行。过度的流血事件，以及一种从恐怖中觉醒的愤慨，都加诸于煽动者。丹东倒下了，最后在一片"暴君去死"的叫喊声中，罗伯斯庇尔带着伤，浑身发抖地被拖上他曾给成千上万人带来死亡的断头台。以打开巴士底狱大门为开端的这出戏剧终结了。

为人类自由而进行的伟大斗争曾经上演过，并赢得了胜利。宗教自由与政治自由在原则上是一致的。1517年，路德宣告了人类良知的权利。到了1793年，它只是扩充到人类个人所拥有的所有与生俱来的权利这一概念。

法国用这样令人惊愕的暴力，在这些年里完成的事，英国人用了几个世纪才得以完成。这是被长期压抑的力量所产生的一次猛烈爆发。革命之后，暴政的萌芽荡然无存，历经千年的专制外壳不仅被打破，而且被碾成了粉末；特权阶级被一扫而空，他们所占据的三分之二的法国土地，将被分配给正当合法的拥有者——那些辛勤劳动与勤勉付出的人。

法国变成了一个就像不曾有过历史一样的崭新的国家。现在，它的人民有了无限的机会，他们将会借此做些什么呢？

他们将会在那古老专制主义的废墟上建造些什么？这一项任务的出发点又将是什么？与历史往事的每一项关联都被打破了，愤怒不已的欧洲军队正从四面八方逼近。他们能够擦去那些在基督教世界看来如此丑恶可憎的污点吗？他们玷污了自由之名，还能得到宽恕吗？

只有一个男人的力量与才智，才能使这个世界忘掉法国的耻辱，并让法国披上一个比以往更加荣耀辉煌的斗篷。

第十六章

法兰西共和国

法国大革命结束了，法国端坐在历史的废墟上，发现自己蒙受了耻辱，名誉扫地，并与整个欧洲开战。奥地利是阻止这场暴行的天然领导者，因为暴行残害了自己皇室的一个女儿。最后，反法联盟得到了英格兰、荷兰、西班牙，甚至是葡萄牙与托斯卡纳的支持，它们都被推动着加入进来。不过，真正驱动奥地利的并不是私人感情，而是出于自身安全的考虑。这场革命运动是一场道德与政治上的瘟疫，必须予以消灭，否则，它将蔓延到每一个欧洲王国，它们都将陷入混乱之中。

正是招募军队与这个联盟作战带来的困难，导致革命政府处于困窘之中，并最终瓦解了它的权力。如果欧洲各国真的能够采取一致行动，这个新生共和国的生命将是短暂的。但是，奥地利忌妒普鲁士，而普鲁士忧惧奥地利与英国之间正在形成的友谊，俄国女皇凯瑟琳则对她的波兰计划完全没有把握——结果是，对法国的战争是以一种断断续续、毫无效果的方式进行的。

在新法兰西共和国的组织架构中，行政权被授予督政府，它是由从两个立法机构中选出的五名成员组成的。

拿破仑·波拿巴

　　新宪法某些细节上的意见分歧，导致了一场激烈的争吵，并引发了1795年10月5日发生在巴黎的一场暴乱，当时有一位在土伦获得荣誉的年轻军官被召去镇压起义，他就是拿破仑·波拿巴。在巴黎的大街上，他用大炮获得了成功。他在正确的时刻发出了正确的信号，法律与秩序得以确立。随后，他提出应该在意大利发动一场针对奥地利的战役，心情愉悦的督政府立即接受了这个建议，同时派遣法军从莱茵河向维也纳推进，以配合此次战役。

　　凭借着天才般的能力，拿破仑·波拿巴看到了通往权力的道路。天空因"自由"这个词汇而震颤，如果他想得到法国——这也是他想做的——就必须沿着政治自由的道路前进，要传递的信息是解放被压迫的人民。除了意大利，他还能在什么地方找到更令人恼火、更不近人情的铁链呢？奥地利，同时，它不也正是反法联盟的领导者吗？

　　他带着一支衣衫褴褛的军队，没有军饷，也没有给养。他从自己的灵感出发，大胆地计划着让这个被侵略的国家支付战争费用。他指着意大利的城市，对士兵们说："这就是你们的奖赏，它既富足又充裕，但首先你们必须征服它！"像恺撒一样，他知道如何用简洁明了的语言向他的追随者们发表演说，并激发他们的热情；他还知道如何运用敌人未曾见过的、意想不到的方法来迷惑他们，这些方法让敌人的兵法与经验变得毫无用处。

他龙卷风般的突然袭击，扫平了伦巴第平原。洛迪、阿尔科拉、里沃利等战役都取得了胜利，不到十个月，拿破仑就成了意大利的主人。根据1797年10月17日签订的《坎波福米奥和约》，奥地利确认了法国在意大利北部建立的附属共和国，作为回报，奥地利得到了威尼斯。在维持了十四个世纪的独立之后，威尼西亚①，这个亚得里亚海的皇后，被戴上了镣铐！

砸碎意大利的锁链

拿破仑并不满足于此，他想让巴黎戴上意大利最耀眼的珠宝。那些被他打破了枷锁的人们，除了献出最上等的艺术品与最珍贵的手稿，还必须立即奉上金钱、珠宝、瓷盘、马匹和设备。在给督政府中一名督政官的私人信件中，拿破仑写道："我将寄给你二十幅一流大师的作品，包括柯勒乔②和米开朗基罗的作品。"在随后的一封信中，他说："把所有这些东西和我们即将从罗马寄来的那些放在一起，这样，除都灵和那不勒斯的少量作品外，我们就将拥有意大利所有美好的东西了。"教皇庇护六世丝毫没有反抗，就交出了他的几百万法郎、古代青铜器、昂贵的画作以及无价的手稿。

奥地利已经输掉了十四场战役，它所有的意大利领地都被

---

① 即威尼斯。——译者注
② 16世纪早期意大利画家，文艺复兴时期最伟大的画家之一。——译者注

归拢在一起，合并成一个奇萨尔皮尼共和国！另一个海尔维第共和国在瑞士建立，还有一个共和国在荷兰创建，并处于法国的保护之下。

换句话说，这个人在意大利完成了后来他要在德国完成的事情。他擦除了中世纪遗留下来的残痕，为新秩序的出现疏松了土壤。

埃及作战

坎波福米奥的和平是法国历史上最辉煌的和平。莱茵河终于被公认为是法国的边界，这样，比利时也被纳入共和国的版图。拿破仑不仅占领了意大利，而且控制了法国本身。在这样一位领导人的率领下，还有什么是不能做到的？兴高采烈的督政府开始讨论入侵英格兰，但拿破仑知道这样做还为时过早，于是戏剧性地想出一个主意，即通过威胁英格兰在亚洲的领地来削弱它。于是，他率领一支军队进入埃及（1798年）。尽管纳尔逊[①]摧毁了他的舰队，但他仍然保持着征服者的傲慢。

没有哪个国王，也没有哪个军事统帅，能给法国带来如此多的荣耀。杜·盖克兰、杜伦尼、孔代，在他面前都显得黯淡无光，马尔伯勒与尤金王子也是如此。这个魔法师用他的魔杖

---

① 风帆战列舰时代英国最著名的海军将领，在 1798 年的尼罗河口海战中击败了法国舰队。——译者注

轻轻一挥，就让法国从蒙尘的耻辱中崛起，并使它成为欧洲大陆上居于主导地位的强权国家。在他的带领下，法国还有什么做不到的呢？

这位年轻的军官，现在已是声名显赫。在其职业生涯早期，他娶了在恐怖统治时期受害的德·博阿尔内先生的遗孀约瑟芬·博阿尔内为妻。在他出征埃及不在国内的这段时间，督政府、立法机构与民众都卷入了争吵，时局再一次陷入混乱，没有人能把他们团结在一起。不满情绪在传播，人们都在问：为什么是这个人，这个又矮又黑的人，为什么一定是他知道该怎么做，知道怎么强制地支配事态发展，还有怎么维持纪律，为什么派他去埃及！

法兰西第一帝国

约瑟芬一直在将这些情况从巴黎传递给拿破仑。因此，他把军队交给克莱贝尔掌管，自己出乎意料地返回了法国。他知道自己该做些什么，也知道自己可以获得军队的支持。就像在战场上运用战术一样，他通过娴熟的、出其不意的政治活动，推翻了督政府。拿破仑成为法国的第一执政官。

这是历史的倒退。法国再次回到一个强有力的行政机构与中央集权体状态。从这一刻起，拿破仑·波拿巴成为法国唯一的主宰者，直到他成为英国人的俘虏为止。

共和国早期单纯简朴的属性正在消失，第一执政官在杜伊勒里宫的招待会开始让人回想起那些在凡尔赛宫里的日子。约瑟芬很迷人，在服饰艺术方面也很有造诣，她知道怎样让她的新宫廷保持光鲜壮丽。波拿巴的妹妹们也是这样，运用她们出众的美貌和天分周旋于各种场合。但在法国之外，英吉利海峡对岸，执政官只是一个篡位者，路易十八才是国王——一个虽没有加冕但却合法的君主！

或许这样说并不过分，拿破仑统治期间，没有什么事能够像以下这两件事一样，留下如此持久的痕迹，对文明产生如此深远的影响：一是《拿破仑法典》的编纂，这是一部天才般的、开创性的不朽之作；二是将路易斯安那出售给美国。路易斯安那是1800年西班牙交还给法国的，拿破仑认为如果现在遭到攻击，他将无法守住这片领土，于是他把这块土地出售给美国（1803年），以防落入英格兰之手。

有些事情的发生促使趋势变为了实现。一起意图刺杀执政官的阴谋被人发现了，拿破仑怀疑这件事源于波旁家族。孔代亲王的一个儿子，年轻的昂吉安公爵[①]做了替罪羊，没有怜悯之心，也没有正义可言，拿破仑就是想借助此事震慑、恐吓所有那些正在密谋推翻他的人。这件事完成得非常迅速，樊尚[②]城墙下的黑暗、死者胸前的灯笼，以及午夜时分列队行进的士兵们，所有这一切放在一起，共同警告那些阴谋反叛的人，他们的命运正在等待着他们。这是一个关键时刻，它促使拿破仑的心变成了钢铁。

---

① 又译当甘公爵。——译者注
② 又译万森纳，昂吉安公爵在这里被枪决。——译者注

就在樊尚这起悲剧过后没几天，有人提议授予第一执政官法兰西世袭皇帝的头衔！

这位新的查理大帝，没有像之前那位在公元800年时所做的那样，到教皇那里去加冕；相反，教皇在他的传召下，来到了巴黎。1804年12月2日，当法兰西的皇冠戴在拿破仑的头上时，1789年开始的那场伟大戏剧就结束了。人们鲜血奔流，将法国从专制统治中解放出来，可到如今，法国却被一个比黎塞留或路易十四更加专制的强权统治着。

欧洲新版图

在与整个欧洲的战争中，拿破仑迅速展开了他的伟大计划，不仅要征服，而且要推翻——不是一个国家，而是所有的国家。他要建立一个帝国，这个帝国由欧洲各王国联合而成，而它们全都在他的掌控之下。他要撕碎欧洲的旧地图，恰如他支配意大利的版图一样。他要打破旧的历史划分与地标，建立新的版图，就像他从意大利共和国中创建了一个意大利王国一样。当他正在与一个联合的欧洲作战时，巴伐利亚、符腾堡和萨克森已经成为王国，而德国西部的十七个州也已经合并为莱茵联邦，成为法国的一个保护国。

此时，奥地利感受到了他的力量。弗兰茨·约瑟夫戴着一千年前查理大帝开创的双冠——他既是罗马的皇帝，也是德国的皇帝。这是一个徒有其表的头衔。不过，这是神圣罗马帝国的神圣传统，这个帝国在中世纪时支配着世界，那时欧洲才具雏形。拿破仑在深翻历史后，告诉弗兰茨·约瑟夫，他必须放弃罗马皇帝的头衔。这位皇帝毫无反抗地服从了，可以说，这是拿破仑惊人权力的体现。从理论上讲，这时拿破仑已经成为意大利国王、查理大帝的继承者与新罗马帝国的领袖。

虽然英格兰从未承受过这位傲慢的征服者对其国土的染指，但在整个联盟中，它仍然是最痛苦的，它对德国蒙受的耻辱看起来比德国自己还要义愤填膺。普鲁士还在与拿破仑对抗，这段时间属于美丽的女英雄路易丝王后，她是一个有足够勇气，敢公然反抗拿破仑的人。但普鲁士于1806年战败，1807年签订了《提尔西特和约》，定格了王国耻辱的一幕。

德国的民众与军队都被这个人俘虏了。我们听说，九十位德国作家将他们的书献给他，一家卑躬屈膝的出版社赞美他，贝多芬伟大的交响曲之一也是受到了他的启发。但是，这样一位伟大的、令人眼花缭乱的人，只有站在远处才能准确地加以衡量。我们还是离他太近了，关于对他的评价，这个世界还没有达成一致的意见，就像评价哈姆雷特这个角色一样，见仁见智，各抒己见。

此时的拿破仑家族，几乎都被封王封爵。他的弟弟路易是荷兰国王，娶了拿破仑的继女奥坦丝·博阿尔内为妻；他的妹夫穆拉特，成为那不勒斯国王；他的继子尤金·博阿尔内，成为意大利总督；他的另一个弟弟热罗姆，成为威斯特伐利亚国王；他的哥哥约瑟夫，被推上了西班牙王位，但愤怒的民众将他赶走了，这使他颜面尽失。

在与俄罗斯皇帝亚历山大进行的为时一个小时的会谈中，

拿破仑凭借他优越的魔力，确保了这位皇帝在他对抗英国时保持友好与合作的状态。他还向亚历山大透露了他的计划，即他们二人将永远作为和平的守护者，但这要靠控制英国的傲慢来保证。要想抑制住英国，首先要摧毁它的商业繁荣。因此，他们要组织一次大陆封锁，禁止欧洲与那个国家进行贸易。

玛丽·路易丝

拿破仑心中酝酿着一个计划，这个计划注定将是他人生的转折点。他需要一个继承人来继承他的伟大遗产，对他来说，这是极其重要的。他抛弃了约瑟芬，娶了弗兰茨·约瑟夫的女儿为妻，这样，他的继承人也将是罗马帝国皇帝的合法继承人，在他死后，他的后人能够极大地巩固他的帝国。

当拿破仑有了这种想法后，恰当的时刻也到来了，但风向也随之开始发生转变。1810年，他与玛丽·路易丝在巴黎举行了婚礼。拿破仑与哈布斯堡王朝的联姻并不讨法国人民的欢心，他们以自己的皇帝与皇后的低微出身而感到自豪。在法国人民看来，这位马伦哥、奥斯特里茨、耶拿和瓦格拉姆的英雄，这个令欧洲战栗的人，只是一个戴着王冠的公民，这是革命原则的胜利，超越了原有的帝国。

进攻莫斯科

亚历山大背弃了与这位皇帝的协议与友谊，加入了反法联盟。于是，1812年，酝酿已久的对俄罗斯的入侵开始了。拿破仑从被征服的国家中招募了五十余万人，战争中他们绝大多数都成了亡灵，只有极少一部分人得以返回。拿破仑从来没有同恶劣天气打过仗，也从来没有遭遇过压倒性的失败！莫斯科的大火、随后接踵而至的极度严寒，使得这场战争变成了一场巨大的悲剧。

退位

另一支大军以不屈不挠的勇气填补了空缺，镇压了德国的一场大起义。但拿破仑的星光正在日渐黯淡。莱比锡大战失败了，反法联盟随即向巴黎进军。1814年春天，年轻的俄国皇帝亚历山大——曾许诺将会帮助他巩固欧洲永久和平的朋友，正在向巴黎发号施令，传达投降的条款。

不到一个星期，拿破仑就退位了。他被允许保留皇帝头衔，但他将要留给玛丽·路易丝的两岁幼子的帝国，已经缩小到意大利西海岸的厄尔巴岛了！

第十七章

路易十八

反法联盟指定路易十六的弟弟路易十八登上空置的王位，他向民众承诺，将在一个立宪政府的领导下进行统治。

这个在绝境中抛弃了他哥哥的人，一个什么也代表不了的人——既不能代表过去的忠诚，也不能代表未来的希望——成了国王。当他经过凯旋门，通往杜伊勒里宫时，他身旁坐着一位面色忧郁、苍白的女人。这是昂古莱姆公爵夫人，路易十六的女儿。二十年前，这个小女孩被囚禁在圣殿塔里。当她经过1793年断头台所在的那个地方时，她必定有着强烈的感想！

路易十八做的第一件事就是将国王、王后和他的妹妹伊丽莎白残缺不全的遗体迁至圣丹尼斯教堂的王室墓地。然后，他下令在他们埋葬了二十年的坟墓上建起一座赎罪礼拜堂，让人们举行弥撒，以使他那些被杀害的亲人们的灵魂得以安息。巴黎到处都是归来的保皇党人，那些在维也纳、伦敦，甚至在纽约，靠教法语和跳舞勉强维生的遭放逐的流亡者们，他们都有着显赫的古老姓氏，如今他们都为了这场欢欣的复辟而急匆匆地赶往巴黎。这时的路易十八正在俄国与奥地利军队的护卫下，与大臣们谈论着如何用君权神授的方式统治这个国家。

这位国王依据自由宪章（对新宪法的称呼）进行统治，这一宪章许诺的个人自由几乎与1215年英国人从约翰王手中获得的自由一样多。如果他和他的支持者们认为可以恢复并保持波旁王朝的传统，就像没有发生过革命一样，这很显然是荒谬的，至少能揭示出这些人没有什么智慧。

拿破仑卷土重来

三色旗已经不见了，拿破仑的将军们毫不抵抗地投靠了波旁王朝。塔列朗很快适应了新政权，就像他适应拿破仑时代一样。他机智地调侃帝国与帝国皇帝，说拿破仑"甚至都不是法国人"，以此表露忠心。对新统治者来说，他是一个既巧妙又有用的工具。

但在表面之下，一些事情正在发生。正当全权代表们忙着恢复欧洲的边界时，一场复辟正在巴黎欢欣鼓舞地进行着。有人说拿破仑到了里昂，于是国王立刻派了一个团过去——"勇敢者中的勇敢者"米歇尔·内伊奉命前去逮捕拿破仑。

接下来传到巴黎的消息是，军队疯狂地呼喊着"皇帝万岁"，而内伊则拥抱了他挚爱的统帅，并保证他的剑任凭他驱驰。

午夜时分，国王路易十八离开杜伊勒里宫，前往佛兰德斯边境。当天晚上，巴黎协和广场的喷泉边突然出现了灯光，接着传来沉重的马蹄声，一辆四轮马车在手持利剑的骑兵护卫下奔驰而过。马车在杜伊勒里宫花园的第一个入口处停了下来，一个身材矮小、面色阴沉坚定的人闯入了波旁王朝刚刚废弃的宫殿。拿破仑回到了他已经离开了十一个月的枫丹白露宫（3月20日）。

当威灵顿公爵①宣布拿破仑已经进入巴黎时，伦敦议事厅里一片惊慌失措，一切都得重新来过！

滑铁卢

立即为重新开战做准备，很容易就能找到为皇帝打仗的人，整个法国都拜倒在他的脚下。

决定性的时刻即将到来，拿破仑已经越境进入荷兰，威灵顿正在那里等着他。

滑铁卢之战持续了好几个小时，命定的结局如此重大，在天平上颤抖着。当普鲁士大炮的轰鸣声响起时，威灵顿得到了布吕歇尔的增援②。这就是结局，法军战败了（1815年6月18日）。拿破仑落入了英国人手中，他将被终身监禁在圣赫勒拿岛上。

---

① 又译惠灵顿公爵（1769—1852），拿破仑战争时期英国陆军将领，英国第21位首相，在滑铁卢战役中击败拿破仑。——译者注
② 普鲁士王国元帅，瓦尔施塔特侯爵。——译者注

波旁王朝复辟

　　一直在根特等待着的路易十八，立刻回到杜伊勒里宫，开始了他那愚蠢的工作：在他的人民面前装成一个开明、自由的国王，在他的保皇派追随者们面前装成一个保守、反动的国王。这个国家充满了失望、怨恨帝国主义的人，也充满了愤怒、意欲复仇的保皇派。贵族院立即颁布了一项法令，将波拿巴家族永远驱逐出法国领土。极端分子要求将那些赞同处死路易十六的人的家族也包括在这一法令之内。米歇尔·内伊作为法国的叛徒，被判处死刑。也许有人会说，在杜伊勒里宫里还有一个更大的叛徒，可是在拿破仑那群英勇的元帅中，最引人注目的那个却被枪杀了。

　　事实上，他们决心要颠覆革命的所有成果，恢复教会至高无上的地位，交还其财产，并恢复贵族的权力。但与此同时，民众也充分认识到，归国的流亡者们已经一贫如洗了，他们用税收来维持驻扎在法国的外国军队，而这样做的唯一目的就是使国王的政府有能力完成上述那些决定！

　　在长达九年的混乱统治中，这些问题足以制造纷争。1824年9月16日，路易十八逝世。路易十六和路易十八的弟弟，阿图瓦伯爵成为法国国王查理十世。

查理十世

如果我们对路易十八的真实情感还有任何怀疑的话，那么他统治期间的最后一次行动足以打消这一念头。他在神圣同盟[1]的要求下，派遣法国士兵去镇压西班牙自由主义者争取宪法的斗争。

但是，查理十世并不想戴上他哥哥的薄面具，他制定出一条不同的路线，革命爆发前波旁王朝统治的一切伪装方式都将被抛在一旁。新闻界受到严格审查，宪章被修改，有关长子继承权的法案得以恢复。当巴黎街头向他致意的人群喊叫道"把我们的宪章还给我们"时，这个昏头昏脑的人给出的答复是："我到这里来是接受敬意的，而不是来接受劝告的。"

人们不禁要问，路易十六的这个弟弟，他曾在1789年从巴黎一群暴徒的围攻中逃亡——如果他还有记忆的话——现在他竟敢激怒法国民众。

7月29日，起义变成了一场革命，拉斐特侯爵再次掌管市政府军队，这支部队集结在圣克劳德以及其他的防御地点。

查理十世徒劳地申辩道，他将会撤回所有不合情理、惹人怨怒的法令，并恢复宪章。可是，一切都太迟了。

---

[1] 拿破仑帝国崩溃后，1815年9月，欧洲各国君主组成的保守主义政治同盟。该同盟以维护君主政体为目标，共同对抗欧洲的革命活动与革命思想。——译者注

路易·菲利普

　　奥尔良公爵路易·菲利普被任命为王国的中将，当他披着三色旗出现在市政厅时，他的未来已经被确定下来了。

　　对查理而言，现在只剩下一件事要做了：他正式退位，并签署了一份文件，授权他的堂弟担任中将职务。十天后，"平等的菲利普"的儿子路易·菲利普，登上了查理十世留下的王位。

　　这位新国王传递出的信息是，君权神授原则应当完全抛弃，他是一位"公民国王"，他的头衔不是神赐予的，而是人民授予的，他们说的话就是神的声音！头衔本身就是新秩序的见证，路易·菲利普不是"法国的国王"，而是"法国人的国王"。"法国的国王"这一称谓带着古老封建制度下有关所有权与统治权的观念；而"法国人的国王"只是人民的领导者，不是土地的主人。为了符合这一理念，宪章与所有现存的条款都做了修改。8月9日，立宪君主的统治开始了。

　　支持这一统治的是法国的中产阶级；下层阶级永远也不会忘记他是谁，毕竟他是波旁家族的一员，是一个国王；居于这两个阶级之上的上层社会，保皇派与帝国主义者对他都持不友好的态度，一个把他看作篡位者，另一个认为他是一个不适合占据拿破仑皇位的弱者。

　　当查理十世试图驱逐那些投票支持处死路易十六的人的家人时，他可能想的是他的堂兄，"平等的菲利普"的儿子——他的父亲是弑君者中最邪恶、最卑劣的一个。可不管他的父亲是什么人，路易·菲利普远不是一个邪恶的人，无论是在瑞士教书，还是在美国上法语课，他都是一位善良、彬彬有礼的绅士。这一统治的唯一问题是他不具有英雄色彩，全欧洲最情绪化、最浪漫的民众拥有着一个平庸的国王。他在位的十八年里，只有一次真正狂热的悸动，那就是他让儿子儒安维尔亲王将人们崇敬的拿破仑的遗体从圣赫勒拿岛运回巴黎，下葬至荣军院那个宏伟的墓地中。这一行为是高尚的，但也是冒险的。也许国王并不知道，在这些富于想象力的民众看来，与拿破仑相比，他的影响力是多么微弱；同时，他也不知道这种对比可能会产生什么影响。

革命

在君主立宪制度下，国王不参与管理，只是君临。国王是人民选出的具有装饰性、象征性的元首。那么，如果他不再具有装饰性呢？如果他在十八年里，没有为国家名誉增添哪怕一丝荣耀，只是利用自己的高位来增加其私人财产，并且不断地向一个穷困的国家乞求他五个儿子的利益与报酬，那么，这个国王还有什么用处呢？

虽然目光短浅，但他是一个好父亲。他的权力没有根基，奥尔良家族的这一分支从来没有掌控过法兰西。他的统治在拉马丁[①]站在市政厅的阳台上宣布建立共和国的声音中被推翻了。

当有人要求他辞去王位时，他立刻就退位了。从来没有哪位国王这样痛快地屈服，也从来没有哪个隐居的王室能够像路易·菲利普这样不引起别人的注意。他化名为"威廉·史密斯"，躲在勒阿弗尔，等待被安全护送到英国，没有为捍卫他的王位做出任何抗争。

杜伊勒里宫敞开的窗户里，飘进了三个可怕的字眼。1792年巴黎大街上人们呼喊的"自由""平等""博爱"，至今仍在他耳边回响，这几个词听起来并不悦耳。

路易·拿破仑

在法国，共和主义是一种永恒的情感，即便两个迟钝的波旁王朝国王愚蠢地试图让时光倒流、回到过去，一个奥尔良王朝的国王将自己伪装成一个受大众欢迎的君主，人们的情感也未曾动摇。在所有这些令人厌烦的插曲中，真正的事实正在发展。一种隐约存在于空气中的共和主义情绪，正在有思想的人与爱国主义者的头脑中日渐具体与固化，成为一种越来越有形的现实。

这个国家最能干的人站了出来，制订了成熟的计划，准备

---

① 法国诗人、作家、政治家。1833年成为议员，1848年二月革命后，成为临时政府的实际首脑。——译者注

迎接这场危机，一个共和国宣布成立了。拉马丁先生、赖德律·洛兰勒、卡芬雅克将军、拉斯帕伊先生与路易·拿破仑[1]作为总统职位候选人，成了彼此的竞争对手。

拿破仑·波拿巴的侄子、拿破仑的继女奥坦丝的儿子，他只是因两次企图推翻路易·菲利普统治下的君主政体的行动而为人所知。这两次行动是非常荒谬的，但自从这位伟大皇帝的遗体从英国人手中归还法国以来，过去的辉煌与现在的暗淡无光形成了鲜明的对比，拿破仑时代的记忆与热情又复苏了。两种强大的情感统一在了一个人的身上——一个引领共和政体的法国的拿破仑，将会表达出过去的荣耀与未来的希望。

这个名字的魔力是不可抗拒的，路易·拿破仑被选为法兰西第二共和国总统，并且，历史准备重演。

---

[1] 即路易·拿破仑·波拿巴，法兰西第二共和国总统（1848—1852 年在位）、法兰西第二帝国皇帝拿破仑三世（1852—1870 年在位）。——译者注

第十八章

法兰西第二共和国

　　一场名不符实的革命使法国第二次成为共和国，但法兰西第二共和国并不是由某个政党建立的，事实上，它似乎是从不满的土壤里自发地冒出来的。

　　导致这场革命的直接原因，是政府禁止了安排在1848年2月22日华盛顿生日那天在巴黎举行的一场宴会。接替梯也尔先生担任部长职务的基佐先生，知道这次宴会暗含的政治目的，也知道这是即将举行的示威游行活动的一个组成部分，而这场示威活动掌握在危险的煽动者手中，所以他不会允许举行这样一场宴会。

　　但这种行为成了巴黎民众革命的信号，它将立即导致政府形式的变化。当革命的硝烟散去，路易·拿破仑——伟大的波拿巴的弟弟路易与奥坦丝·德·博阿尔内的儿子——通过全民投票当选为法国总统。这场革命①也被载入了法国史册。

　　法国并不知道自己是否应该高兴，它缺乏政府管理的经验，只想要繁荣，想要它的人民得到施展天赋的机会和条件。任何形式的政府，或任何能够带来这些的统治者，它都可以被接受。它遭受了太多苦难，一方面恐惧混乱，另一方面又畏惧

----

① 即二月革命。——编者注

暴政，这使它感到困惑。它审视着眼前这个模糊、难测、缺乏吸引力的男人：在四年的时间里，他在斯特拉斯堡与布洛涅针对同一个复辟王朝发动了两次荒谬的暴动，他应该不是一个可怕的人。

政变

在其他国家，法国君主制的推翻受到了比在法国国内更为严肃的对待。它重新点燃了整个欧洲的共和主义之火：科苏特在匈牙利领导了一场革命；意大利的加里波第和马志尼，以及当时撒丁岛的年轻国王维克托·伊曼纽尔正与奥地利就米兰地区的归属问题展开殊死搏斗，他们梦想着有一天，一个统一的意大利能从奥地利的枷锁中解放出来。

成为法兰西共和国首脑的这个人，正在用其强大而细致的才思观察、揣测着这些事情。没有人对他产生怀疑。这场革命的火焰正是他在法国引燃的，但当这些火焰黯淡下去时，他却感到十分满意。

议会很快意识到，这位总统不是一部任人摆布的机器。总统和议会之间，一种深深的敌对情绪正在滋长。经过精心策划，总统获得了民众的支持。当议会通过新的选举法限制选举权时，总统站在了议会的对立面。毫无疑问，在这个问题上，他很有把握向人民发出呼吁，而且他确定当自己宣布解散议会时，也一定会得到支持。

议会拒绝解散，接着，在1851年12月2日的早晨，发生了著名的政变。路易·拿破仑利用议会限制选举权一事，逮捕了所有主要成员。总统手里拿着一部已经准备好的宪法，站在法国人民面前，实际上是要把皇权授予自己。他唐突而大胆地做的这件事，确实让一个对无能统治者感到厌倦的民族获得了满意。因此，仅仅一年之后，在1852年，这个国家认可了这场政变，自愿给予路易·拿破仑法国皇帝拿破仑三世的头衔。

拿破仑三世

他桂冠下的那副邪恶的脸看上去不像他叔叔那样古典，他零星、炫目的成就也不像他那位伟大楷模所做的那样，有着细腻的纹理、精纯的质地。不过，他从来没有去模仿，他在打造一幅大理石杰作，不过是用石膏做成的！但这是一个多么讨巧的复制品啊！多么大胆的举动，竟能在欧洲得到人们的承认与敬意，甚至是奉承！他把一位光彩夺目的皇后从人民手中拉到他的宝座上，以此攫住浪漫与唯美的法国，对这个肥胖、无情的人来说，这是多么聪明的一招啊！

从纽约的廉价住所到法国皇帝的宝座，真是天壤之别。但人类的野心是不容易满足的，只是让人感觉他重建了法国的繁荣与威望，为拿破仑一世的名字增添了新的荣耀，这是不够的。难道，在向他表示敬意时，没有某种令人恼火的矜持吗？他的那些皇室邻居们的友谊难道没有一点屈尊俯就的意味吗？

当圣日耳曼郊区的贵族们倨傲地站在远处，嘲笑他崭新的贵族身份时，他在他们眼中难道不是那个门前的末底改①吗？。

战争是能够使帝国与名誉变得稳固的东西！因此，当被邀请加入同盟，参加一场保卫土耳其免受俄罗斯入侵的战争时，路易·拿破仑欣然接受了。在克里米亚战争（1853—1856年）中，法国没有利益可以获取，但这位新晋皇帝非常重视皇室邻居们的认可。法国的士兵与炮艇在很大程度上促成了联军在东部的胜利。

在这场战争中，撒丁王国也加入了对抗俄国的联盟。这个小王国被认为是新意大利地区的核心。当奥地利野蛮地进攻它在意大利北部的领土时，它与法国就被这样一条细长的地带连在了一起。

当加富尔伯爵私下试探路易·拿破仑时，路易·拿破仑提出了让法国介入意大利事务的条件：法国将获得萨伏依②和尼斯。其中，萨伏依是国王的祖籍，条件很苛刻，但他们还是接受了。

意大利"解放者"

1859年，路易·拿破仑以一个解放者的姿态，率领军队进

---

① 公元前5世纪的便雅悯支派犹太人，扫罗王室的后裔，曾被掳去巴比伦。《圣经·旧约·以斯帖记》记载，他因养女以斯帖成为波斯帝国阿契美尼德王朝亚哈随鲁王的王后的缘故，曾坐在国王的门前。——译者注
② 又译萨伏伊。——译者注

入意大利。他戏剧性地宣称：他来到这里是为了"把意大利交还给它自己"，意大利即将获得"自由，从阿尔卑斯山到亚得里亚海"！马真塔战役的胜利是实现这一光辉许诺的第一步，很快，在索尔费里诺又取得了一场胜利。米兰收复了，伦巴第自由了，随着消息迅速向南传播，托斯卡纳、摩德纳和帕尔马的奥地利公爵们惊慌失措地逃走了。这些地区的人们现在不是对撒丁国王，而是对意大利国王宣誓效忠。只有两个邦国是自由的，即威尼西亚和罗马教皇国，一个"统一的意大利"将真正实现"从阿尔卑斯山到亚得里亚海的自由"。

苏黎世合约

意想不到的事情发生了，承诺没有被遵守，威尼西亚没有得到解放。法国与奥地利签署了《苏黎世合约》，奥地利放弃伦巴第，但被允许保留威尼西亚。加富尔被气得面色苍白，他说："摆脱这个叛徒！不接受伦巴第！"不过，维克托·伊曼纽尔仍然较为理智。于是，萨伏依和尼斯作为路易·拿破仑这次辉煌远征的战利品，被他带回了法国。

这位意大利的解放者，并没有解放意大利。他做了一件让意大利的敌人们高兴的事情：他派遣法国军队驻守罗马，并向庇护九世许诺，他可以满足保护教皇宝座的任何需要。

当加里波第①大声呼喊时，我们能够想象到他内心的忧烦，他叫道："那个人让我在自己的城市里成了一个外国人！"可能，国王自己也会这么说。

意大利的战争极大地增强了皇帝与帝国的力量，法国为这惊人的成绩和全国各地的繁荣而感到欣喜。新的法国、新的巴黎出现了，林荫大道和花园得以修建，人行道与车行道铺设完成，一座焕然一新的壮丽都市从文森森林延展到布洛涅森林。随着公共设施的修建，所有人都忙碌起来，法国得到了渴望已久的平静祥和。

欧仁妮皇后美丽而优雅，凡尔赛宫、枫丹白露宫和杜伊勒里宫在她的装点下，变得更加光彩绚丽。

苏伊士运河

皇帝的野心开始变得更大了。在政府的主持下，雷赛布先生开凿了一条穿越地峡的运河②，这将打开地中海和红海之间的交通。接着，在1862年，一个不怎么和平的计划开始实施——一支远征队开赴墨西哥。法国对这个国家略微有些不满。

---

① 朱塞佩·加里波第，军事家，是意大利建国三杰之一。——编者注
② 即苏伊士运河。——编者注

墨西哥帝国

当时的形势对皇帝非常有利，他提出把墨西哥变成一个受法国保护的帝国的计划。美国提出的门罗主义原则，是禁止任何欧洲势力在西半球建立霸权。但美国当时正处在一场规模巨大的内战中，无力捍卫这一原则，等它腾出手来时，墨西哥帝国已经建立起来了。

不久，法国军队进驻墨西哥城。马西米连诺——一位奥地利的王子被宣布为墨西哥帝国的皇帝。

1867年，这次考虑不周的远征以一场悲剧的形式夭折了。南北战争以联邦的胜利而告终。路易·拿破仑意识到，如果美国腾出手来，它将为维护门罗主义而战，于是他迅速地从墨西哥撤出了法国军队，让那位皇帝自生自灭。一个共和国立刻建立起来，不幸的马西米连诺被枪毙了。

普法战争

法国的财政与皇帝的威信都因这次痛苦的尝试而受损。与此同时，发生了一件事，在某种程度上使整个欧洲发生了变化。普鲁士在历时七周的战争中，从奥地利的束缚中挣脱出来（1866年）。这是路易·拿破仑最不希望看到的。他希望出现一个分裂的美国，而不是出现一个分裂的神圣罗马帝国，这是他没有想到的！

新教普鲁士的胜利是自由主义的胜利。作为一个新的政治力量，普鲁士将对欧洲的政治格局进行重新安排。奥地利的专制统治被推翻了。对路易·拿破仑而言，这不但是对其国内政策的一次明显打击，对其攫取欧洲领导权的计划也是一次明显的打击。此外，经历这场具有质变意义的七周战争之后，法国之前所取得的克里米亚战役、马真塔战役和索尔费里诺战役的胜利也显得没有那么精彩了。在这场七周战争背后，是俾斯麦所勾勒的宏大宽广的计划。

路易·拿破仑想在墨西哥建立一个处于法国保护之下的哈布斯堡帝国，但失败了，现在突然崛起一个新的政治实体，就像从地里冒出来的一样，并且实力并不比法国逊色。这样一来，路易·拿破仑所要做的就是对普鲁士发动战争，通过胜利来挽回他那日渐式微的威望。

欧仁妮皇后悲悯的内心里，是一个虔诚的天主教徒，她看到了新教普鲁士的支配地位与天主教奥地利的耻辱，认为这是对欧洲天主教信仰不虔敬的打击。因此，与皇帝一样，皇后也想要战争。于是，战争即将打响。

障碍只有一个：没有什么值得一战！但这是可以克服的。1870年，法国民众的怒火被一则消息所点燃，说是法国大使被普鲁士仁慈的老国王威廉公开侮辱。另外，就霍亨索伦家族（普鲁士）的一名成员登上西班牙王位一事，两国之间还存在一些外交摩擦。

不管是真是假，谣言达到了它想要的结果。法国陷入愤怒的火焰之中，并且公开宣战了。

法国军队带着那位帝国的小皇太子一起离开了。战争结果是不容置疑的：皇太子一定会见证这场胜利；不仅法国士兵会把他们面前的所有障碍清除掉，德国南部各邦也会像迎接救世主一样欢迎他们；这个新的联邦将会在他们手中分崩离析；8月15日，拿破仑一世生日那天，必须在柏林庆祝！

这是法国设想的场景，那么从德国的角度怎么看呢？在毛奇[①]与王储腓特烈·威廉的指挥下，德国没有北方与南方的分别，民众与国家凝聚为一个整体。

法国军队从未越过自己的边界，他们被迫在自己的国土上为了生存而战。一个多月后，这位法国皇帝就成了囚犯，随即他的帝国也不复存在了。

投降

梅斯战役与色当会战的失败，是两场巨大的灾难。随着色当会战的失败以及皇帝被俘的消息传来，共和派立即宣布：法兰西第二帝国灭亡，法兰西第三共和国成立。

德国军队继续向巴黎进军，沿途的防御工事很快就被攻陷，四个月的围城战开始了。

1871年1月，法国投降，这从一开始就是不可避免的。法国

[①] 即老毛奇（1800—1891），普鲁士元帅，在普法战争中，指挥色当战役取得决定性胜利。——译者注

接受了普鲁士人提出的和平条款，包括割让阿尔萨斯和洛林，以及交付巨额的战争赔款。

德国人进入了巴黎，国王威廉一世、王储、俾斯麦与冯·毛奇①驻扎在凡尔赛宫。在那个浸透着历史记忆的地方，出现了一种奇怪的、前所未有的景象。1871年1月18日，普鲁士国王威廉在镜厅正式宣布成为德意志帝国的皇帝。路德维希二世，这位眉目如画的巴伐利亚年轻国王，以德国其他各邦的名义，拜倒在威廉一世脚下，向德皇表达各邦的一致效忠，恳请他接受一个统一的德国的王冠。

也许是被拿破仑三世巨大的不幸所打动，也许是不愿意看到一个法兰西共和国再次站在它的门前，总之，英国为这个被废黜的皇帝提供了庇护。路易·拿破仑和他那依然美丽的欧仁妮隐居在奇塞尔赫斯特，他们在那里注视着这个共和国在重重压力之下所经历的狂风暴雨。

---

① Unser Fritz.——译者注

第十九章

法兰西第三共和国

废黜皇帝之后，法兰西第三共和国成立。在法夫尔、甘必大、西蒙、费里、罗什福尔以及其他带有明显共和主义色彩的先生们的领导下，临时政府建立起来。

原有的国民议会很快被一个由人民选举产生的国民议会所取代，梯也尔先生担任政府行政首脑。

在巴黎围城期间，出现了一个内部的敌人，比占领巴黎的德国军队更危险，并且最终证明对这座城市的破坏性也是巨大的。

巴黎公社

所谓的巴黎公社，是以无政府主义者为首的一群绝望的人所组成的团体，这些人在今天还时不时地出来滋扰生事。

这场暴动的思想基础与那些在1789年将一场爱国革命转变为"恐怖统治"、在1792—1793年间把巴黎变成一个屠宰场的思想是一样的。

在围城期间，他们导致了两次令人惊恐的暴动；而现在，他们正与梯也尔的政府争夺城市的控制权。梯也尔先生、他的政府与他的军队都驻扎在凡尔赛宫。这两个月以来，巴黎一直掌握在这些暴徒手中，他们从市政厅向外发号施令。

当他们被麦克马洪元帅的军队击溃时，部分人用石油浇透了一些主要建筑，然后放火烧了它们。杜伊勒里宫与市政厅被烧毁了，卢浮宫、皇家宫殿和卢森堡宫的一部分也被毁了，这座城市的很多地方都遭到了损毁。

最终，暴动在一场残酷的冲突中被镇压下去。据说，在结束前的一个星期，有上万名武装者被打死，随后是严厉的军事处决行动。随着一些最珍贵的历史遗迹化为灰烬，千疮百孔的巴黎终于平静下来，第三共和国的组建工作得以继续。

在这一关键时期，法国各地存在的共和主义情绪的模糊性质，从人民选举出的国民议会的特点就可以看出：在人民选出的组建新共和国的成员中，有超过三分之二的人是君主派！

当时的君主派包括三个不同派别，每个派别都有一批强大的追随者，它们是：

正统派，代表波旁家族直系的利益，以查理十世的孙子尚博尔伯爵为代表，他被这一派别称作亨利五世。

奥尔良派，这一派别希望恢复君主立宪政体，以路易·菲利普的孙子巴黎伯爵为代表。

波拿巴派，路易·拿破仑皇帝于1873年去世后，拿破仑三世之子、年轻的皇太子成为候选人。（拿破仑二世，莱希·施塔德公爵于1832年去世。）

梯也尔先生很难调和各种派别之间的关系，也很难把它们聚拢在一起，与他所领导的共和国相协调。1873年，他放弃了这一努力，由君主派的麦克马洪元帅继任总统一职，同时，一个保守的内阁在布罗伊公爵的领导下开始运转。从事态发展来看，似乎会迎来一场由上述三个派别中的某一个领导的复辟运动。巴黎伯爵表示，如果尚博尔伯爵（亨利五世）愿意接受君主立宪制度的原则，那么他愿意放弃他的要求，转而支持尚博尔伯爵，但那个顽固的波旁家族成员绝对会拒绝这样做的。

与此同时，法国的共和主义情绪并没有消亡，也没有沉睡，不幸的经历使它变得小心谨慎。人们常常把自由与无政府主义彼此弄混，因此共和派需要进行缓慢的推进，而不是像以前那样剧烈地跳跃或回弹。

共和派领袖甘必大，曾经非常激进，现在也变得谨慎起来。作为一个爱国者与政治家，他似乎是唯一一个符合当时需求的有天分的人，他能够将其政党中分散的各个派别凝聚在一起。

正是由于甘必大的激励，才使得政府最终在名义上与事实上都符合共和政体的要求，但随着保守主义情绪的滋长，共和主义情绪的力量也在底层不断地凝聚起来。

梯也尔到卢贝的重建

1879年，皇太子[①]在南非去世，这对帝国主义者们（波拿巴派也被称为帝国主义者）来说，是一个沉重的打击。他们现在

---

① 即拿破仑·欧仁·路易·让·约瑟夫·波拿巴（1856—1879），拿破仑三世之子，拿破仑四世。——译者注

的代表是拿破仑王子的儿子维克多王子。

虽然王子们的相互竞争在政治舞台上占据了很大一部分，但一些悄无声息地发展着的事情，仍然引起了法国政府的关注：一个受保护国正式建立起来。

自从路易十四统治以来，法国一直或多或少地参与着非洲事务。路易十四决心消灭遍布于地中海的"巴巴里海盗"，在追踪与抓捕过程中，法国人发现了他们在阿尔及尔与突尼斯的巢穴。从那时起，就时不时地有人试图在非洲建立法国的殖民统治。在路易·菲利普统治时期，法国对这件事已经很有把握；到了第三共和国统治时期，宣布正式成立受保护国。

1881年，突尼斯成为法国领地。当时签署了一份条约①，大意是授予法国总监在贝伊②的全部领土上行使全权。

实际上，法国于1878年参加在柏林举行的国会谈判一事，足以表明国家的创伤在高层愈合得有多快！同一年，巴黎还勇敢地邀请世界各国参加世界博览会，这进一步证明了局势已经恢复正常。

1879年，格雷维先生接替了麦克马洪元帅。正是在格雷维先生执政期间，英国与法国为了两国持有埃及债券的公民的利益，对埃及实行联合的二元财政控制。

但在这一时期影响最深远的事件，是1882年甘必大的去世。在法国，君主派唯一害怕的人离去了，这是他们重新活跃起来的信号。拿破仑王子随后发表的一份激烈的宣言，充分显

---

① 即《巴尔杜条约》，1881年签署，规定法军占领突尼斯各地，突尼斯的财政由法国管理，未经与法国协商，突尼斯不得进行外交活动等。——译者注
② 奥斯曼帝国对长官的称谓，即将统治者称为贝伊。——译者注

示了这一点。这唤醒了表面上处于休眠状态的共和主义情绪，随后，在议会上发生了激动人心的场面，拿破仑王子被捕了。最后，经过长时间的斗争，政府颁布了一项法令，下令暂停所有奥尔良王子的军事职务。

在这场危机之后不久，几乎是紧接着，1883年8月，尚博尔伯爵（亨利五世）在弗罗斯多夫去世了，这件事也导致波旁一系的灭绝。正统派随着他们领袖的离去，转而与奥尔良派联合起来支持巴黎伯爵。

1884年，由于外交上的困境，法国与交趾支那①之间爆发了一场小规模战争。这场战争使法国实际控制了远东地区的一块领土，包括安南②和东京③。

1885年，格雷维先生再次当选总统，这一投票结果理所应当地被解读为是对政府反君主制基调的认可。于是，共和派变得更加大胆了。

君主派代理人的活动也有所增长，当巴黎伯爵的女儿嫁给葡萄牙王储时，他们的活动就表现出这一非常重要的特征。共和派决心把法国从连续不断的骚动根源中拯救出来，他们有力量按照自己的设想，采取一项激烈措施，这是其党派力量渐渐增强的一种证明。

---

① 位于越南南部、柬埔寨东南方，是法国殖民时代对越南南部地区的称呼。1859年，法国占领越南南部边和、嘉定、定祥三个省份，越南正式割让后，法国将其所得领土称为交趾支那，首府设在西贡（今胡志明市）。——译者注
② 1883—1885年中法战争期间，法军占领越南中部地区并将其更名为安南。——译者注
③ 1883—1885年中法战争期间，法军占领越南北部地区并将其更名为东京，东京也是河内的旧称。——译者注

政府被授予自由裁量权，可以将所有能够依据其直系继承人身份，对法国王位提出实际要求的人驱逐出境。

于是，1886年6月签署总统令，巴黎伯爵和他的儿子奥尔良公爵、拿破仑王子和他的儿子维克多王子，被驱逐出境了。当奥马尔公爵对此提出强烈抗议时，他也被驱逐了。

1887年，格雷维先生被迫辞职，原因是他的女婿被指控出卖荣誉军团勋章牟利，而格雷维先生试图包庇他。继任的萨迪·卡诺先生是一位正直、杰出的共和主义者，由激进分子和保守派联合投票选出，他的祖父曾在革命时期担任组织军队的战争部长。

另一场危机近在眼前——由于难以理解它，所以，我们很难解释这场危机。

战争部长布朗热将军，一位从未有指挥过任何一场重要战役，也从未立下过军功的军事英雄，在当时深受大众欢迎，他对两个党派的所有不满人士都具有号召力。这似乎可以为研究心理学的学生提供一个课题。这位广受欢迎的英雄在政治阴谋方面的天赋，曾一度让人觉得他可能真的会走上一条通往军事独裁的道路。

政府以坚定的态度处理这件看起来似乎很严重的危机，随后整个运动迅速瓦解。当高等法院以煽动革命的指控，传唤布朗热时，他逃离了这个国家，这一事件就结束了。

法兰西第三共和国不同于前两个共和国。迄今为止，在政府组建过程中，宪法一直被认为是一个不可或缺的起点。任何一个国家的宪法，都不如法国多产，1791年以来，法国已经制定了十多部宪法；而英国，自1215年大宪章使其获得自由后，直到今天，都没有再制定过宪法。

对公民权利做出雄辩的、明确的阐述，对一种政府形式而言，曾经被认为是必不可少的，就像教义对一种宗教信仰而言是必不可少的一样。也许，随着这个世界变得越来越聪明，人们已经不那么倾向于对很多问题进行明确的表述！法国的宪法，可能是有史以来人类创造的此类表述中最灵活、最明智的工具，在一个世纪的时间里，法国通过十六条修正案来使其适应不断变化的情况。

法国著名的1875年宪法，实际上是在特定时期内，由立法机构通过的一系列法令组成的。就像在英国一样，这些法令代替了宪法。

这种做法可能是明智的，随着必要性逐渐增多，法国人开始尝试采用英国人的方法，用一系列法令来代替一部成文宪法。但是，在英国，这一法律体系是经过几个世纪的缓慢发展才逐渐形成的；而在法国，这一做法并没有经过深思熟虑，起初只是为了避免共和国成立之初，那些负责管理国家的一群人之间对立观点的相互冲突。那些以共和国的名义统治这个国家的人，在内心深处并不喜欢它，事实上，他们之所以忍受它，只是将其作为以后获得更好发展的权宜之计。于是，共和国便处于自由发展的状态，但在那个时代，对法国来说也许是件好事。

不仅是统治者，这个国家本身也在怀疑它到底想要什么样的政府，或者说，它应该怎样去建设一个共和政府。它正在尝试最难的艺术——统治的艺术。英国用了几个世纪的时间去研习的艺术，怎么能够指望法国在十年之内就精通它呢？并且，当政府要在缺乏经验的情况下处理这些现实情况时，还有很多危险因素存在于国家的上层结构与表层之下，有王子们的野心，也有最底层的猛烈火焰；当人们对这个亟待发展的国家满怀着希望、恐惧与期待时，它正背负着巨额的战争赔款，因失去两个省份而悲痛万分；当我们回忆起这一切时，我们知道，不是他们犯了错误，成就寥寥，而是政府在不断向前推进，日复一日、一步一步地，冷静地面对着那些由保守派或激进分子制造的危机，直到世人的信念夺取了胜利，法国共和政体的稳定性才能得到保证。

1893—1896年，是法国殖民扩张的时期。非洲的达荷美王国被宣布成为法国的保护国；马达加斯加被征服；1895年，中国将勐乌、乌得等地①割让给法国。

1894年，萨迪·卡诺在里昂的街道上被一个无政府主义者暗杀。

之后，法国和俄国结成了政治联盟，当时正值弗朗索瓦·菲利·福尔先生担任总统。在其任期内，法国军事法庭对德雷福斯事件的审判引起了不小的骚动。

---

① 1895年，法国以逼迫日本归还辽东半岛有功为名，要求清政府将十二版纳之一的勐乌、乌得等地划归法属印度支那。同年，两国签署中法《续议界务专条附章》，将勐乌、乌得等地割让给法国。——译者注

德雷福斯事件

阿尔弗雷德·德雷福斯上尉是阿尔萨斯人，总参谋部的一名炮兵军官，他被指控向外国势力（德国）泄露军事机密，被军事法庭审判、定罪。最后被判公开降级，所有的军衔徽章都被撕掉，在远离法属圭亚那海岸的恶魔岛上被单独关押，终身监禁。

这一判决所引起的深度骚动，使整个文明世界都卷了进来，法兰西共和国的生命也遭到了威胁。人们普遍的印象是，对一个其罪行尚未得到证实的人而言，这一判决所施加的惩罚几乎是空前严苛的。

人们普遍相信，法国军方人员对他恶毒的仇恨是因为被指控的这位军官是闪米特人[①]，而他阿尔萨斯人的身份，也为指控他与德国之间存在通敌行为打开了方便之门。

对德雷福斯上尉的审判是闭门进行的，没有对外公开，并且判决得到了严格执行。

但随着时间的推移，社会的激荡程度变得越来越深，公众要求重审此案的呼声也越发迫切，以致法国上诉法院最终不得不考虑这一问题。

要求重新判决的依据，涉及一份可疑的供词以及文件清单的来源，该文件在定罪过程中起了重要作用。基于这些，人们

[①] 指民族语属于亚非语系闪米特语族的人群。闪米特人不是单一民族，而是母语属性有关联的多个民族。概略地说，阿拉伯人、犹太人都是闪米特人。——译者注

主张应该撤销1894年12月的判决。

法庭被迫让步，并下令进行第二次审判。这次审判揭示的内幕，对法国军队高层造成了巨大打击，以至于一场革命看起来迫在眉睫。

这个受到指控的男子，在恶魔岛上被折磨五年后，再次出现在雷恩军事法庭上。他的首席律师洛博里在受理他的案件时遭到枪击，不过没有致命。法庭的审理，自始至终都未将这一阴险事件从它的阴暗深处揭露出来。在没有任何确证能够证明这一事件的受害人是有罪还是无罪的情况下，法庭给出了令人大跌眼镜的判决："有罪，但可从轻量刑。"

这是法国军事法庭的审判结果，但公众舆论并不认可，其他国家则一致认为，对这一案件中这个不幸的人的指控已经完全瓦解了。但是，如果德雷福斯被认定为无罪，那将是法国军方的耻辱，二者密不可分。所以，为了维护法国军方的脸面，必须牺牲他。

第二次审判结束时宣布的判决是，他要在法国的一座堡垒中监禁十年。

卢贝总统上台后赦免了这一判决。带着两次被判有罪的烙印，带着灵魂深处灼烧着的"降级"惩罚与恶魔岛囚禁生涯的记忆，一个身心破碎、穷困潦倒的人被释放了。

在这一事件中，最引人注目的插曲是伟大的小说家左拉先生慷慨激昂的举动。他在法庭上激烈地提出指控，希望自己能以诽谤罪被捕，从而有机会阐述被军事法庭压制的事实。根据法国法律，被告必须为自己的诽谤言论辩护，而这正是他所寻求的机会。

这种英勇的努力没有白费，左拉被判有罪，并判处一年监禁，他通过流亡的方式躲避了判决的执行。不过，这一"复杂的案件"已经显露出曙光，他很满足。

1899年，福尔先生突然去世，埃米勒·卢贝被选为他的继任者。当德雷福斯事件达到最终的高潮时，卢贝开始了他对国家的治理。

随着德雷福斯上尉的释放，骚动平息下来。但不久，另一片阴云又出现了。

结社法

在法国，教权主义与政府之间的冲突，并不是什么新鲜事。其实，早在14世纪，当腓力四世与教皇卜尼法斯八世之间闹出不愉快时，它就达到了顶峰。那次事件的结果是腓力将教皇置于阿维尼翁，控制在自己手中，通过发布一份"国事诏书"来抵抗教皇对法国的侵犯。

旧的冲突仍然存在并将继续下去，直到连接教会与国家的最后一根脆弱纽带被切断。

这个时候，一场特殊的争论在法国引起了骚动，它是由已故总理瓦尔德克·卢梭部长引起的，并由他的继任者孔布先生继续进行下去。这场争论源于一个叫作"协会法"的法案，法案的目的是限制教会借助宗教团体压制法国民众的政治权力。

这一举措，一方面被认为是一种极端压迫与暴政的行为；

另一方面则被认为，对保障共和国安全而言，是必不可少的措施。

为了支持他们的观点，共和派声称，在所有保守、反动的运动中，法国的神职人员一直都是这些运动的盟友，所有针对第三共和国生命的煽动与阴谋，其背后都有教权主义在作祟。因此，对共和国的安全来说，宣布驱逐宗教团体是至关重要的。

政教分离

但是，"协会法"只是在为了实现其真正的目的做准备，当1905年12月，法国参议院通过一项真正的政教分离原则的法案时，这一目的才真正得以实现。一项如此具有革命性的措施，一度打开了激情的水闸，释放出诅咒、谩骂的洪流；但这次法国议会辩论时的冷静态度，明显地表明这个国家最高超的智慧已经认识到冷静的必要性。该法案规定，将所有的教会财产转移到政府手中。这就需要对教会的财产进行清查，很多单纯、虔诚的民众，无法理解其政治含义，认为这是一场宗教迫害，并用武力加以抵制。实际上，这项法案并不是针对教会的，而是针对教会内部的一个强有力的成分——"教权主义"，它不仅使教会成为一种精神力量，还使其成为一种政治力量，这使得教会成为贵族进行密谋的温床。而现在，随着法案的通过，政治阴谋与宗教阴谋都不再有存在的机会了。不过，现在已经完成的这种政治与宗教的隔离，做得并不是那么彻底，资金仍将从国库拨出，用于法国教堂的维护。但是，那些对政府的敌人报以同情的人，不会再因为拥有贵重财产而获得相应的权利。

阿尔赫西拉斯会议

另一个可能会威胁法国和平的问题，得到了令人愉悦的调整。在阿尔赫西拉斯举行的一次国际会议上，在讨论摩洛哥的境况时，法国与德国产生了非常激烈的冲突，严重的后果似乎就在眼前，这一后果甚至可能将整个欧洲都卷入进来。

法国领地毗邻动乱的国家，阿尔及利亚漫长的海岸线也需要防卫，因此它觉得自己有权得到特殊对待；而德国作为此次会议的组织者，自然要求居于主导地位。二者都想获得额外的特权，这就导致两个国家本来就紧张的关系变得非常尖锐。最后，摆在这次会议面前的一个问题是，到底应该由法国还是应该由德国作为摩洛哥的托管者，以确保在摩洛哥的外国人的安全，管理摩洛哥的财政，并对维持摩洛哥海岸的治安负责。当然，被赋予这一职责的国家将在北非事务中发挥主导作用。正是这种巨大的利害关系导致这场竞赛产生了如此紧张激烈的气氛。最终，法国拿到了特权，德国虽然愤愤不平，但却表现出值得称赞的自我克制，接受了这个决定。

法利埃当选总统

最近在法国举行的选举，给我们提供了一个机会，以了解国民对这些激进的、近乎革命性的政策持有何种看法，这些政策使得卢贝先生任期即将结束的这段时间，成为法国历史上的一个新时代。人们发现了一个非常能代表新法国的人——阿尔芒·法利埃先生，他获得的赞成票数取得了压倒性的胜利。阿尔芒·法利埃先生出身于平民，是一名职业律师，自1876年当选法国议员以来，几乎在每次重大运动中，都能看见他的身影。他先后多次担任部长；在卢贝总统的七年任期里，他是参议院议长；1906年当选为法国总统。萨里安先生以其众所周知的同情心，被任命为总理。当年那些对瓦尔德克·卢梭先生和孔布先生所实行的政策的质疑声，在这次选举过后都销声匿迹了。

结语

每一届成功运行的政府都使法国获得力量与稳定，与此同时，政府也变得更加自制与冷静。政府与民众已经认识到，间歇性震荡的、起伏不定的政策不是一条明智与有效的道路。

君主派已经退出政治舞台，国家内部与外部都享受着和平，并呈现出一派繁荣景象。而繁荣，正是持续和平的最可靠保证。

在1871年以来的这段时期里，法国取得了惊人的繁荣。原因之一是它精通美的艺术，可以引领世界跟随它的潮流。它的艺术品被每一个国家，甚至每一个人所追求，各个国家都要拥有它们也必将拥有它们。这使法国形成了一个稳定的市场，于是工业昌盛起来，乡间的村舍与财富也变得充盈了。

在不到四十年的时间里，法国发生了多么大的变化啊。普法战争后，法国失去了两个省份，负担着沉重的战争赔款，军事上的荣耀堕入尘埃，民族自豪受到重创。民众开始重建家园！在难以置信的短时间内，令人烦扰的债务得以偿还，金融繁荣与政治实力也得以恢复。

第三共和国已经存在了三十四年。煽动家、狂热者，以及那些在社会里没有立足之地的人，随时准备煽动叛乱的火焰：与奥尔良派、波拿巴派、波旁家族一起，随时保持着警惕，注视着任何能够悄悄溜进革命大门的机会。

看着这个在一百年间发生了七次政治革命的国家，条顿人与盎格鲁—撒克逊人都感到困惑！

但是，像大海一样复杂、涌动、多变的法国，在纵情地享受着新获得的自由——就像扔掉一件不合身的衣服一样，它抛弃了一种政府形式。法国知道了安定与平静的价值——它曾拥有这一品质长达千年！法国人民，长久以来他们一直艰难地喘息着：封建制度让他们窒息，瓦卢瓦王朝的国王们将他们踩在脚下，黎塞留折磨他们，波旁家族的统治者让他们饥寒交迫。如今，他们构成了一个伟大的民族、伟大的国家，在各个方面都资源丰富，才智超群，天赋异禀。不管他们怎样称呼政府的首脑，执政官、皇帝、国王或总统，都无关紧要了。他们现在是一个自由人构成的民族，再也不能被专制制度奴役了。

也有可能，法国还在酝酿着一场新的革命、新的颠覆。它不像英国那样，扎根于它所崇敬的深远历史传统，这里生活着一群极具天分、情感热烈的民众，他们是时代的潮流，能够预测到法国的未来！但是，无论未来如何，没有哪个美国人能够对这个国家的命运无动于衷，因为美国欠它太多了。美国人永远都不会忘记，在绝境中最危急的时刻，是法国不顾自身的代价，帮助他们获得了自由，使美国有朝一日能够跻身于地球上那些伟大国家之列。

附录

法国历代君主及国家元首

法兰克王国历代国王

墨洛温王朝世系

克洛维一世	481年
提奥多里克一世，克洛多梅尔，克洛泰尔一世， 希尔德贝尔特	511年
克洛泰尔一世	558年
查理贝尔特一世，贡特拉姆，希尔佩里克一世， 西吉贝尔特一世	561年
西吉贝尔特二世	613年
克洛泰尔二世	613年
达戈贝尔特一世	629年
克洛维二世，西吉贝尔特三世	639年
克洛泰尔三世	657年
提乌德里克三世	673年
克洛维四世	691年
希尔德贝尔特三世	695年
达戈贝尔特三世	711年
希尔佩里克二世	715年
提乌德里克四世	721年

空位期	737年
希尔德里克三世	743年

加洛林王朝世系

丕平（矮子丕平）	751年
查理大帝	768年
路易一世（虔诚者路易）	814年
查理二世（秃头查理）	843年
路易二世（口吃者路易）	877年
路易三世，卡洛曼	879年
胖子查理	884年
厄德	888年
查理三世（天真者查理）	898年
罗贝尔一世	922年
拉乌尔一世	923年
路易四世	936年
洛泰尔	954年
路易五世	986年

卡佩王朝世系

雨果·卡佩	987年
虔诚者罗贝尔	996年
亨利一世	1031年
腓力一世	1059年
路易六世（胖子路易）	1108年

波旁王朝

亨利四世（贤明王亨利）	1589年
路易十三（正义者路易）	1610年
路易十四（太阳王）	1643年
路易十五（被喜爱者）	1715年
路易十六	1774年

法兰西第一共和国

罗伯斯庇尔	1792年

法兰西第一帝国

拿破仑·波拿巴	1804年

波旁王朝复辟

路易十八	1814年
查理十世	1824年

奥尔良王朝

路易·菲利普   1830年

法兰西第二共和国

路易·拿破仑   1848年

法兰西第二帝国

路易·拿破仑   1852年

法兰西第三共和国

阿道夫·梯也尔   1871年

麦克马洪元帅   1873年

儒勒·格雷维   1879年

萨迪·卡诺   1887年

弗朗索瓦·菲利·福尔   1895年

埃米勒·卢贝   1899年

阿尔芒·法利埃   1906年

作者简介

[美]玛丽·普拉特·帕米利（1843—1911），美国史学家、作家。她于19世纪末和20世纪初写的国别简史是她成功的著作，包括法国、俄国、德国、英国简史等。她擅长用优雅的故事将该国不同的历史时刻串起来，所涉及内容广泛，通俗易懂。

译者简介

刘守旭，吉林大学世界史硕士，现任吉林省实验中学历史教师，编著《大国风范：中华人民共和国外交历程》《新兴市场国家：融入体系还是挑战格局》，译著《基因论》等。